소현 세자의
진짜 공부

소현 세자의 진짜 공부

설 훈 지음

라임

◆ 작가의 말

이 책을 읽는 분들에게

내게 소현 세자는 늘 소년 같았습니다. 그것도 스스로 공부를 못하는 아이였다고 고개 숙이며 고백하는 창백한 소년 같았습니다. 소현 세자에겐 부인도, 아이도 있었음을 나는 잘 알고 있습니다. 청나라와 조선 사이에서 중재의 역할을 제대로 수행했을 정도로 현명한 이였음 또한 잘 알고 있습니다. 그럼에도 소현 세자는 내겐 늘 소년이었고, 공부를 못했던 사실을 울며 고백하는 부끄럼 많은 아이 같았습니다. 왜 그런 불경스러운 생각을 갖게 되었는지 묻지는 말아 주세요. 그 이유는 나도 잘 모르니까요.

이 책을 준비하면서《심양장계》,《소현동궁일기》,《소현심양일기》등을 열심히 읽었습니다. 처음부터 끝까지 다 읽은 것은 아니고 어떤 이의 죽음이 등장하는 순간까지만 열심히 읽었습니다. 그 사람의 이름이 궁금하겠지만 제 입으로 밝히지는 않겠습니다. 공부를 잘하는 아이가 되어 스스로 찾아낸다면 그보다 더 큰 기쁨은 없겠습니다.

이 책을 읽고 소현 세자와 지난 역사에 대해 조금이라도 궁금증이 생겼다면 산성과 삼전도와 광장에 다녀오는 것도 좋겠습니다. 어려웠던 과거의 흔적을 돌아보며 다가올 미래의 모습을 그려 보는 것도 나쁘지는 않겠습니다.

마지막으로 한 가지, 본문에 등장하는 만주어 문장은《초급만주어》(박문사)에서 인용했음을 밝히는 바입니다. 나에 대한 믿음이 크다는 건 알지만 만주어를 알 정도로 내가 공부를 잘하는 아이는 절대 아니거든요.

설훈

차례

강변에서 시작한 공부

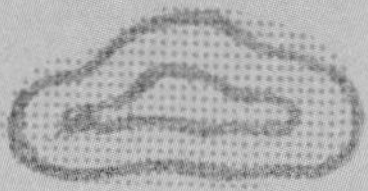

배가 있었네
작은 배가 있었네
아주 작은 배가 있었네

폭염 경보가 발령된 신시*의 강변은 한적하고 뜨거웠습니다. 나는 늙고 지친 버드나무 아래 성긴 그늘로 숨어들었고, 자리에 앉자마자 배낭부터 벗었습니다.

집을 나설 때부터 내내 메고 있었던 낡은 배낭은 땀에 젖은 지 이미 오래였습니다. 축축한 배낭을 어루만지다가 지퍼를 열었고, 노란 손수건과 플라스틱 부채를 꺼냈습니다. 손수건으로 땀을 닦고 느리게 부채질을 하며 도시를 가로지르는 강을 바라보았습니다.

흰색 유람선 한 척이 녹색 강물과 함께 흘렀습니다. 어떤 여가수가 불렀던 노래의 가사처럼 조각구름까지 떠 있었다면 안성맞춤이었겠지요. 그러나 맑음보다는 투명하다는 표현이 훨씬 더 어울리는 한여름의 하늘엔 가느다란 새털구름 한 점 보이지 않았습니다.

탁 트인 강변인데도 연약한 새끼 바람 한 점 불어오지 않는, 몸을 뒤척이기만 해도 숨이 턱턱 막히는 오후였습니다. 유람선조차 당황한 나머지, 동력을 잃고 제자리에 멈추어 선 것처럼 보였지요. 그건 나의 착각일 것입니다. 유람선은 기름을 먹고 움직이는 기계니까요. 유람선은 돛단배가 아니기에 바람이 있건 없건 의연히 제 갈 길을 갈 것입니다.

나는 문득 프랑스 화가 쇠라의 〈그랑드 자트 섬의 일요일 오후〉를 떠올렸습니다. 점을 콕콕 찍어 그린 화가 특유의 기법 탓에 햇빛 좋은 날임에도 불구하고 그림 속 인물들이 흡사 안개 속에서 고립되어 부유하는 느낌을 주는, 언뜻 보면 음울하고 차가워 보이나 한참을 자세히 들여다보면 이상하게 마음이 따뜻해지는 그 그림 말이지요.

내 방에 걸려 있던 쇠라 그림의 조잡한 복사화*를 내 가족은 참

신시(申時) 오후 3~5시.
복사화(複寫畵) 다른 사람의 그림을 그대로 베껴서 그린 것.

좋아했습니다. 내 가족은 그림 속에 등장하는 흰 돛단배에 특별한 애정을 보였습니다. 이젠 다 지난 이야기입니다. 나는 땅바닥에 닿을 듯 낮은 목소리로 노래를 불렀습니다. '배가 있었네, 작은 배가 있었네.'로 시작하는 노래입니다.

나는 노래를 다 부르지 못했습니다. 낯선 남자가 안 그래도 별로 넓지 않은 그늘에 갑자기 쳐들어왔습니다. 보통의 경우였다면 눈 한 번 마주치지 않고 고개 한 번 돌리지 않고 곧바로 일어나서 빠른 걸음으로 자리를 떴을 것입니다.

비슷한 크기의 그늘을 제공하는 다른 버드나무들을 다 무시하고 곧장 내가 있는 쪽으로 쳐들어온 남자가 정상적인 인간일 리는 없으니까요. 아니, 오랜 도시 생활의 경험에서 볼 때 그건 정상, 비정상의 문제가 아니라 목숨이 왔다 갔다 하는 심각한 사태에 훨씬 더 가까웠습니다.

나는 자리를 뜨지 않았습니다. 그저 엉덩이만 살짝 들어 옆으로 옮겨 앉았을 뿐입니다. 그 이유를 정확히 설명하기는 어렵습니다. 반강제로 자리를 양보받은 남자는 정중한 목소리로 고맙습니다, 라고 말했습니다. 그러고는 사람이 있는 곳은 여기밖에 없어서, 라고 묻지도 않은 이유까지 덧붙였습니다.

'정중한 목소리'라고 간단하게 표현했지만 그게 다는 아니었습니다. 사실 그 목소리에는 그 이상의 것이 있었습니다. 끝이 살짝 떨리고 처지는 그 조심스럽고 여리고 진중한 목소리에는 뭐랄까 오래된 진심 같은, 내가 사는 도시 혹은 이 나라에서는 좀처럼 보기 드문 게 되어 버린, 원초적이면서도 따뜻한 진짜 감정이 잔뜩 묻어났습니다.

목소리보다 더 내 마음을 사로잡은 것은 그가 말한 언어의 내용이었지요. 남자는 일부러 사람을 찾아서 내가 있는 나무 그늘로 왔던 것입니다.

나는 그제야 남자를 똑바로 보았습니다. 아니, 남자도 나를 응시했으니 마주 보았다고 하는 게 더 맞겠습니다. 하급 행정직 공무원처럼 소매를 접은 흰 셔츠에 검은 바지를 입고, 2 대 8 가르마 머리를 단정하게 빗어 넘긴 약간 마른 체격의 남자는 뜻밖에도 꽤 젊어 보였습니다.

그의 행동과 말투를 보고 들으며 내가 연상했던 나이는 마흔 언저리였으나, 자세히 보니 서른 정도밖에는 안 되어 보였습니다. 덥수룩한 수염만 아니었다면 이십 대 중반이라 해도 믿을 것 같았습니다. 남자는 고개를 갸웃하며 내게 물었습니다. 우리 언젠가 만난 적이 있지 않습니까?

나는 가볍게 웃으며 고개를 저었습니다. 남자가 그런 질문을 하는 것도 무리는 아니었습니다. 그런 질문을 한 해에 서너 번은 꼭 받았으니까요. 지하철에서 어떤 남자가 갑자기 내 어깨를 툭 치며 반가움을 표시하기도 했고, 골목길에서 장바구니 들고 지나가던 여자가 슬그머니 고개를 들이밀고 저기요, 혹시, 하고 말을 걸기도 했습니다. 아마도 내 특성 없는 얼굴 탓일 것입니다. 장삼이사*라는 사자성어를 저절로 떠올리게 하는 나의 무력한 존재감 탓일 것입니다.

남자는 더 캐묻지 않았습니다. 바지 주머니에서 무언가를 꺼내 내게 건넸습니다. 그건, 초코파이였습니다. 情이라는 한자가 포장지에 부적처럼 새겨져 있는 전통의 과자였습니다. 그 행동에도 역시 오래된 진심이 무해한 푸른곰팡이처럼 잔뜩 묻어 있었습니다.

나는 단것을 좋아하지 않았지만, 그 초코파이는 거절하지 않았습니다. 포장지를 뜯어 절반은 남자에게 돌려주고 나머지를 먹었습니다. 정이 듬뿍 담긴 초코파이는 내가 기억하던 것 이상으로 맛이 뛰어났습니다.

이제부터는 남자를 존이라고 부르기로 하겠습니다. 오해는 하지 마시기를. 남자는 외국인이 아니었습니다. 넓은 이마, 작은 눈, 낮은 코, 검고 곧은 머리카락은 그가 한국인, 혹은 적어도 한국계임을 확실하게 드러냈습니다.

나는 남자에게 내 소개를 했습니다. 사십 대 백수 정 아무개, 전직 작가라는 내 말을 들은 그는 뭐라고 대꾸해야 할지 모르겠다는 당혹의 티가 역력한 표정을 지었습니다. 눈을 불안하게 좌우로 굴리고 손바닥으로 입술을 툭툭 치던 그는 갑자기 두 손을 허리띠 앞에 모으고 말했습니다. 자신이 누구인지, 무엇 하는 사람인지, 어디서 온 사람인지 아무리 생각해도 모르겠다고, 기억을 잃은 제이슨 본*처럼 솔직하고 담담하게 고백을 했습니다.

그가 거짓말을 하는 것 같지는 않았습니다. 확신할 수는 없었지만 왠지 그런 느낌이 들었습니다. 조금 낯설기는 했으나 시종 진지했던 그의 말과 행동이 순간적으로 나를 자극했습니다.

나는 평소와 다른 행동을 했습니다. 그렇다면, 이라는 말로 운을 떼고는 그에게(그의 말대로라면 이름, 주소, 전화번호가 다 없는 신원

장삼이사(張三李四) 장씨의 셋째 아들과 이씨의 넷째 아들이라는 뜻으로, 이름이나 신분이 특별하지 않은 평범한 사람들을 이르는 말.
제이슨 본 미국 영화 〈본〉 시리즈의 주인공.

불명의 남자인 그에게) CSI 식의 이름을 제안한 것입니다. 그 이름이 바로 존, 그러니까 존 도*의 존이었습니다.

남자는 조온, 하고 길고 예스럽게 발음을 해 보았습니다. 그는 이내 고개를 끄덕이고 사람 좋아 보이는 싱긋 웃음을 보임으로써 자신의 새 이름을 주저 없이 받아들였지요.

존은 조금 전에 내가 부르던 '배가 있었네, 작은 배가 있었네.'로 시작하는 노래의 제목을 물었습니다. 나는 조동진이라는 가수가 부른 〈작은 배〉라는 노래라고 대답했습니다. 고은이라는 유명한 시인이 가사를 썼다는 토막 상식도 보탰습니다.

존은 노래를 한 번만 더 불러 줄 수는 없겠느냐고 정중하게 부탁했습니다. 초코파이까지 얻어먹었고 그에게 새 이름까지 지어 준 터였습니다. 노래 한 번 불러 달라는 그 사소한 부탁까지 정색하고 거절할 이유는 없었습니다. 노래를 부르기로 했습니다.

막상 목청을 가다듬고 노래를 부르려니 생각보다 쉽지 않았습니다. 한 명뿐이기는 해도 관객은 관객이었으니까요. 나는 그의 존재를 강하게 의식한 나머지, 조금 전보다 훨씬 더 조심스럽고 부자연스럽게 노래를 불렀습니다.

그 바람에 안 그래도 시원치 않았던 노래가 더위에 휘어진 엿가

락처럼 축축 처져서 아예 저음의 장송곡이 되었습니다. 존은 엉망진창이 되어 버린 사망 직전의 비통한 음률에는 개의치 않았습니다. 노래를 다 듣고 난 뒤 맑고 투명한 하늘을 감탄하듯 입을 살짝 벌리고 바라보며 이렇게 말했을 뿐입니다. 내게도 작은 배에 대한 기억들이 있지요.

그날, 그들은 묵던이라 하고 우리는 선양*이라 부르는 이역의 하늘 또한 빼어나게 맑고 고왔습니다. 푸르다 못해 아예 투명해서 높은 하늘 한가운데에 자리한 옥황상제의 내밀한 궁궐 그림자까지 다 드러나, 그 화려하고 기이한 모습이 땅바닥에 살짝살짝 비칠 정도였습니다. 하도 푸르고 투명해서 내 마른 육체와 지치고 빈곤한 마음이 심히 부끄러워지는, 드물게 어여쁜 하늘이었습니다.

푸른 하늘 하나 가지고 웬 호들갑이냐고 비아냥거릴 수도 있겠습니다. 그러나 인간과 동물이 함께 일으키는 뿌연 흙먼지가 일상인 선양에서 눈이 부실 정도로 푸른 하늘을 대면하기란 쉬운 일이 아니었습니다.

존 도(John Doe) 미국과 캐나다 등지에서 신원 미상의 남자를 일컫는 이름.
선양(瀋陽) 중국 랴오닝 성의 도시. 한국어 표기로는 심양이라고도 한다.

경전에나 등장할 법한 순수하고 이상적인 빛깔의 하늘은 다이칭 구룬, 즉 대청국을 다스리는 관대하고 온후한 황제의 마음까지 단단히 사로잡았던 모양입니다. 황제는 관소로 태감*을 보내 '시간이 되면' 함께 훈허*로 가서 고기를 낚아 보지 않겠느냐는 뜻을 전했습니다.

느슨하고 미지근한 권유처럼 들리지만 실은 거절 불가능한, 비유하자면 바깥은 부드럽고 따뜻한 양가죽이지만 그 안에는 강철, 혹은 금강석보다 더 단단한 명령이 들어 있는 꼴임을 굳이 당신에게 자세히 설명할 필요는 없겠지요.

황제는 휘하에 여러 민족을 거느린 주인이고, 나는 그에게 항복한 나라 조선에서 끌려온 포로니까요. 볼모로 잡힌 자에게 거절 내지 선택의 권한 따위는 형식적으로는 존재하나 실재하지 않는, 완벽한 허상에 지나지 않으니까요.

이게 다 무슨 소리인가 싶어 정신이 번쩍 들었습니다. 뜨거운 오후에 도시를 가로지르는 강을 보면서 존은 선양이니 훈허니 하

태감(太監) 중국 청나라 때 환관(내시)의 우두머리.
훈허(渾河) 중국 랴오허 강의 한 지류.

는 낯선 지명을 말했고, 황제니 경전이니 볼모니 하는 지나간 시대의 단어들을 입에 담았고, 묵던이니 다이칭 구룬이니 하는 도무지 유래도 유추할 수 없는 말들을 언급했습니다.

게다가 '당신'이라는 낯간지러운 호칭은 또 무엇입니까? '당신'에게 자세히 설명할 필요도 없다고 자신 있게 말하는 까닭은 또 무엇입니까? 답은 오직 하나였습니다. 미친 사람.

하긴 존은 처음 내 자리로 왔을 때부터 정신 나간 사람, 혼란에 빠진 사람, 혹은 기이한 사람이었습니다. 그의 정중한 말투와 초코파이에 홀려 그 사실을 잠시 잊었을 뿐이었습니다.

나는 자리를 박차고 일어나지는 않았습니다. 그건, 나 또한 사람들이 회피하는 사람이기 때문이겠지요. 미쳤건 정상이건 간에 누군가가 내 옆에서 내밀한 이야기를 꺼낸다는 사실이 이상하기보다는 놀랍고 고맙게 다가왔기 때문이겠지요. 다이칭 구룬, 묵던, 볼모, 황제 같은 시대착오적인 단어들이 꼭 쇠라의 그림처럼 혼란스러우면서도 애틋하고 미묘한 그리움을 느끼게 해 주었기 때문이겠지요.

게다가 다시 말하지만 존은 시종일관 정중했습니다. 초코파이를 건넨 것도 내가 아닌 존이었습니다. 나는 엉덩이만 살짝 들어 자리를 옮겼을 뿐이지만, 그는 내게 음식을 주었습니다.

이역의 강 훈허에서 황제, 그리고 여러 친왕*들과 함께했던 고기잡이는 나쁘지 않았습니다. 구름보다 느리게 흐르는 그 유서 깊은 강에서 나는 배를 타고 낚시를 즐겼습니다. 그러나 그 광경을 지켜보던 관소 소속 관원들의 입장은 나와는 사뭇 달랐겠지요.

내가 탄 배는 통나무배였습니다. 나무를 통으로 베어 낸 후 그 속을 도끼로 파서 만든 투박한 통나무배였습니다. 나를 수행하며 통역을 하는 역관까지 올라타니, 이내 조금의 빈틈도 없이 꽉 차고 만, 당신의 노래에 등장하는 그 배보다도 더 작고 위태로운 통나무배였습니다.

나는 철든 이후 구할* 가까이의 시간을 궁궐에서만 지냈습니다. 이 원시적인 통나무배에 타 본 경험은 당연히 처음이었습니다. 두려움이 튀어나와 가슴을 툭툭 때렸습니다. 함께 탄 역관은 도움이 되지 않았습니다. 그는 자신이 배에 탄 이유를 아예 잊어버렸고, 엉거주춤한 자세로 앉아 뱃전만 꽉 붙들고 있었습니다.

흔들리는 배에서 고기를 낚는 일, 어릴 적부터 말 타고 활 쏘며 전장을 누볐던 황제에게는 평일의 한가로운 여흥에 지나지 않았

친왕(親王) 황제의 아들이나 형제.
구할(九割) 90%.

습니다. 그러나 좁고 뜨듯한 방 안에서 서책 나부랭이나 뒤적거리던 나에겐 성취 불가능한 과업이나 마찬가지였습니다.

그런데 훈허에서의 고기잡이는 나쁘지 않았습니다. 두려움이 사라진 후엔 아예 편히 즐기기까지 했습니다. 나는 소심한 사람입니다. 도전보다는 주저가 일상이었던 내가 대체 어떻게 그 심오한 경지에 도달할 수 있었던 걸까요?

존은 질문하듯 나를 쳐다보았습니다. 존이 한 이야기는 이상하고 낯설었기에 답을 할 수 없어야 마땅했습니다. 그런데 믿기 힘든 일이 일어났습니다. 흐르는 땀을 손등으로 닦고 눈을 한 번 감았다 떴습니다. 갑자기 내 눈에 이역의 강이 보였습니다. 버드나무 우거진 강변엔 기하학적인 아름다움을 자랑하는 둥글거나 각진 천막들이 여럿 설치되어 있었고, 굽이굽이 흐르는 강엔 카누와 비슷한 통나무배를 탄 이들이 알아들을 수 없는 시끌벅적한 소리를 내며 고기잡이를 즐겼습니다.

그중 한 사람의 목소리와 동작은 유난히 커서 단연 눈에 띄었고요. 나는 어떻게 그 광경을 목격한 것일까요? 내 마음속에서 두 개의 문장이 차례로 떠올랐습니다.

나는 한 마리 새였습니다.

나는 하늘을 나는 새의 시선으로 훈허를 보았습니다.

어느 순간 강물이 크게 흔들렸습니다. 건장한 남자가 웃통을 벗고 강물로 뛰어들었습니다. 강물의 깊이가 한 길*이 채 되지 않았던지, 남자는 강물 속을 빠르게 걸어가 존이 탄 뱃머리를 두 손으로 꽉 잡았습니다. 황제의 느린 한숨 소리와 친왕들의 노골적인 비웃음 소리가, 내가 있는 하늘과 저들이 있는 강물 사이 어디에선가 어렴풋이 들리는 것 같았지요.

그러나 남자는 만주인들의 한숨과 비웃음에 일일이 신경을 곤두세우지 않았습니다. 남자는 아무것도 들리지 않는 사람처럼 그저 온 힘을 다해 통나무배를 붙잡고 있을 뿐이었습니다.

이제 나는 존의 질문에 답할 수 있었습니다. 황제와 친왕들이 어린 시절부터 갈고닦은 근력으로 고기잡이를 즐겼다면, 존은 자신을 돕기 위해 강물에 뛰어든 남자의 팔 근육에 의지해 여흥을 즐겼던 것입니다.

한 길 사람의 키 정도의 길이.

존은 질문하듯 나를 쳐다보았습니다. 나는 늙고 지친 버드나무 그늘 아래에서 존의 이야기를 듣는 중이었습니다. 훈허가 내려다 보이는 선양, 혹은 묵던의 하늘이 아니라 내가 어릴 적부터 줄곧 살았던 도시의 강변에 앉아 있었습니다.

그렇다면 훈허의 체험은 환상이었던 걸까요? 환상이라고 여기기에는 하늘 위에서 보았던 광경들이 4D 영화나 입체 사진처럼 생생하게 감각을 자극했고, 현실이라고 믿기에는 이 삭막하고 계산적인 도시에서 너무 오래 살았습니다.

우선은 의혹과 흥분을 조금 가라앉혀야만 했습니다. 낡은 분홍색 배낭을 열어 색종이를 꺼냈습니다. 나는 색종이로 작은 배를 접으며 존의 이야기를 들었습니다. 효과가 있었습니다. 마음은 점차 안정되었고 존의 이야기는 훨씬 더 귀에 잘 들어왔습니다.

고기잡이를 즐기기는 했으나 고기는 한 마리도 낚지 못했습니다. 태어나서 처음 해 보는 뱃놀이와 낚시였으니 억울할 것도 없는 결과겠지요. 그러나 당신에게는 정확한 사실을 말하고 싶습니다. 나는 고기를 낚을 생각 따위는 처음부터 갖고 있지도 않았습니다. 내 뱃머리를 꽉 쥐고 버틴 군관의 도움을 받아 어렵사리 낚싯대를 드리운 그 순간부터, 위태롭기만 하던 통나무배에 익숙해진 그 시점부터 나는 강태공*이 되기로 마음을 먹었습니다.

세월까지는 못 되더라도 그저 단 하루, 아니 단 몇 시간의 자유롭고 평화로운 사색의 시간만이라도 강물 속에서 낚아 보기로 결심했다는 뜻입니다. 바꿔 말하면 이러저러한 복잡하고 우울한 사태에 전전긍긍하지 않는 삶, 볼모가 아닌 자유인으로 사는 삶, 홀연히 정계를 떠나 낙향한 도연명처럼 자연의 흐름에 몸을 맡기며 유유자적하게 살아가는 삶을, 다른 곳도 아닌 만주족이 사랑하는 강 위에서 구현하기를 그 순간만큼은 간절히 원했다는 뜻입니다.

절반은 성공이었고, 절반은 실패였습니다. 성공이라 말한 건 이역의 강 훈허 위를 느리게 산책하듯 떠다니면서 고국의 궁궐을 떠올렸기 때문입니다. 정확히 말하자면 창덕궁 어수당에서 배 띄우고 놀았던, 내 아버지와 보낸 드물게 느긋하고 따뜻했던 시간을 떠올렸기 때문입니다.

실패라고 말한 건 이역의 강 훈허 위를 떠다니면서 강화(江華)의 참혹한 바다 풍경을 떠올렸기 때문입니다. 정확히 말하자면 바

강태공(姜太公) '낚시꾼'을 비유적으로 이르는 말.

다를 아예 뒤집어엎을 기세로 매섭게 쳐들어온 만주족이 던지고 쏘는 위협적인 창과 화살과 포탄에서 벗어나기 위해 작은 나룻배를 강물에 손까지 넣어 가며 젓고 또 저었을 이들의 그 급박하고 차가웠던 비극의 시간을 떠올렸기 때문입니다.

어처구니없어하는 당신의 표정을 잘 이해합니다. 어수당에서의 한가한 뱃놀이와 강화 바다를 떠다녔던, 손바닥 젓기에 생사를 걸었던 작은 나룻배들을 같은 자리에 놓고 비교하는 건 꽤나 파렴치한 일이겠지요.

더구나 일개 백성도 아닌 한 나라의 세자라면, 그것도 친선 사절로 놀러 온 게 아닌 오도 가도 못 하는 볼모 신세의 세자라면 당연히 강화의 참극을 먼저 떠올리며, 그 수치스러웠던 실패의 시간을 떠올리며, 고요히 흐르는 훈허를 데울 뜨거운 눈물 한 바가지를 장하게 흘리는 게 이치로 볼 때는 옳겠지요.

그러나 나는 당신에겐 솔직한 사람이 되고 싶습니다. 훈허에서 배 타고 낚시하며 명상하던 순간 내가 떠올린 건, 다시 말하건대 어수당과 강화의 바다라는 비교 불가능한 이질적인 조합이었습니다. 둘 중에서 내 감정을 더욱더 거세게 자극한 건 어수당 쪽이었지요.

이유는 간단합니다. 나는 어수당에는 있었지만, 강화의 바다에는 있지 않았으니까요. 어수당의 흥겨웠던 뱃놀이는 내게 손에 잡히는 기억이었지만, 강화 바다를 힘겹게 도주하는 나룻배는 머리로만 그려야 하는 일이었으니까요. 어수당의 뱃놀이는 직접 겪은 것이었지만, 강화 나루를 빠져나가려 애쓰던 나룻배는 전해 들은 얘기였으니까요.

혹시라도 그 어수선한 생각들의 와중에 당신을 떠올리지 않았는지는 묻지 마십시오. 분명히 말하지만 나는 그날 훈허에서 당신 생각은 단 한 번도 하지 않았으니까요. 나는 당신을 완벽하게 잊은 채 그저 어수당과 강화 바다만 반복해서 떠올리고 있었으니까요.

존이 자신을 누구라고 생각하고 이야기를 풀어 나가는 것인지 확실하게 눈치챈 건 어수당과 강화 앞바다를 동시에 언급했을 때였습니다. 창덕궁 어수당에서의 뱃놀이와 강화 앞바다를 결사적으로 도주하던 작은 나룻배를 함께 떠올릴 수 있는 세자, 선양에 볼모로 잡혀가서 그 상반된 두 가지 일을 함께 떠올릴 수 있는 세자는 내가 알기로는 단 한 사람밖에 없었습니다. 그렇다면 이렇게 물어야 옳겠지요.

존은 왜 자신이 그 사람이라고 믿는 걸까요?

존은 왜 나를 당신이라고 반복해 부르는 걸까요?

그 문제들에 대해 나는 별로 깊이 생각하지 않았습니다. 존은 당신이라는 단어를 반복하며 때론 살짝 언성을 높이기도 했지만 나는 아무 말도 하지 않았습니다. 정신 나간 소리 따위 다 집어치우라며 존의 말을 가로막지 않았습니다. 존이 자신을 누구라고 믿든 나는 좋았습니다. 왜 자꾸 나를 당신이라 부르는지 그 이유를 몰라도 괜찮았습니다.

나는 하나만 기억하기로 마음을 먹었습니다. 존이 내 그늘로 온 건 그저 사람이 그리워서였습니다. 나와 존은 같았습니다. 사람들이 서로에게 등을 돌리는 이 무섭고 위험한 도시에서 그가 내 곁으로 먼저 다가왔다는 사실 하나면 충분했습니다. 그것이 바로 이야기의 비현실성, 아니 불가능성에도 불구하고 천천히, 그러나 쉬지 않고 종이배를 접으며 존의 이야기를 계속 들었던 이유입니다.

통나무배에 편안하게 앉아 느긋하게 고기잡이를 즐기던 황제는 몇 시간이 지나서야 배에서 내렸습니다. 황제는 강변에 설치된 여러 천막들의 중심, 태양을 닮은 황금빛으로 주위를 환하게 밝히는 커다란 천막 안으로 사라졌습니다.

황제가 제안, 혹은 명령한 고기잡이입니다. 황제가 배에서 내리는 순간 고기잡이는 끝났습니다. 나는 배에서 내린 친왕들을 따라 천막 안으로 들어갔습니다. 황제에게 절을 한 뒤 그가 하사한 고기와 술을 막 먹고 마시려던 순간, 태감이 역관과 함께 다가왔습니다. 황제가 나를 부른다는 것이었습니다.

고개 숙이고 빠른 걸음으로 황급히 나아갔습니다. 황제는 조용히 물었습니다. 숲에서 직접 활을 쏘아 잡은 신성한 사슴의 뿔로 만든 의자에 앉은 대청국 황제는 만주족의 언어로 조선에서 온 내게 무언가를 천천히 물었습니다.

알아들은 거라곤 만주라는 단어 하나밖에 없었기에 나는 아무 답도 하지 못했습니다. 황제는 자신의 말을 옮겨 전하려는 역관에게 손을 내저었습니다. 그러고는 다시 한 번 만주어로 조금 전보다 더 느리게 무언가를 물었습니다.

아, 당신이라면 어떻게 했겠습니까? 내가 전혀 알아들을 수 없는 언어로 무언가 대단히 중요해 보이는 것을 계속 묻는, 만주어를 조금도 모르는 내가 듣기에도 점차 불만의 기운이 퍼져 가는 대청국 황제의 고요하고 점잖으나 차갑고 매서운 음색 앞에서 당신은 도대체 어떻게 했겠습니까?

나는, 얼굴만 붉혔습니다. 부끄러움 때문인지, 분노 혹은 슬픔 때문인지는 모르겠습니다. 나는 입 한 번 벙긋하지 못한 채 이유도 모르고 야단맞은 아이처럼 얼굴만 잔뜩 붉혔습니다. 잠시 후 황제는 다시 평온해진 얼굴로 무언가를 말했고, 이번에는 기꺼이 통역을 허락했습니다. 고개 숙인 역관이 나직한 목소리로 전하는 말은 별것 아니었습니다. 이제 가서 술과 고기를 즐겨라.

나는 황제의 명령대로 술과 고기를 즐겼습니다. 먹고 마시는 게 마냥 즐겁지는 않았습니다. 궁금증 때문입니다. 한 번 생긴 궁금증은 기둥에 세게 부딪혀 부풀어 오른 이마의 혹과 같았고, 시간이 지날수록 점점 더 커지기만 하더니 도무지 사라질 줄을 몰랐습니다. 황제의 고요하면서도 매서웠던 음색이 마음에 걸렸습니다. 점잖으나 차가웠던 음색이 목에 걸린 생선 가시처럼 나를 거북하고 우울하게 만들었습니다.

황제가 친왕들과 먹고 마시며 이야기를 나누는 사이, 나는 슬며시 역관을 불렀습니다. 나는 그에게 황제가 옮기지 말라던 문장이 뭐였느냐고 슬쩍 물었습니다. 궁금증으로 잔뜩 몸이 달아 있으면서도 그저 아무것도 아닌 척, 관심이 없는 척 위장하며 넌지시 물었습니다.

만주족 역관은 꽤 침착한 사람이었습니다. 그는 내 질문을 제대로 듣지 못한 것처럼 행동했습니다. 씹던 고기를 천천히 씹어 삼키고 요란한 트림까지 한 후에야 비로소 내 얼굴을 바라보며 입을 열었습니다.

너는 왜 만주어를 공부하지 않느냐?

너의 악함으로 나라가 망하고 백성이 고통 겪은 것을 아느냐?

그는 언뜻 보면 무심해 보이는 얼굴로, 다시 보면 비웃는 기색과 멸시와 조롱의 감정이 고루 섞인 얼굴로 마지못해 은혜를 베풀듯 대답을 했지요. 아, 그 순간 나는 정말로 부끄러웠습니다. 분노와 슬픔은 다 사라지고 오로지 부끄럽기만 했습니다. 쥐구멍에라도 들어가고 싶다는 말의 뜻을 내 온몸으로 확실하게 깨달은 순간이기도 했지요.

존의 언어가 나를 확 사로잡기 시작한 건 부끄럽다는 그 한마디를 들을 때부터였습니다. 부끄럽다는 그 형용사를 듣는 순간, 나는 너무 놀라서 접고 있던 종이배를 손에서 놓아 버렸습니다. 요 근래 나를 사로잡고 좀처럼 놓아주지 않는 화두가 바로 '부끄러움' 이었습니다.

처음부터 그랬던 것은 아니었습니다. 존이 말했듯 일을 당한 처음에는 분노와 슬픔의 감정이 다른 모든 것을 압도했습니다. 세상을 다 부수고 내 목숨도 함께 끝내고 싶었습니다. 그러나 나는 그러지 못했습니다. 그 뒤로 상황은 바뀌었지요.

죽지 않고 살아 있는 사람이 내내 분노하고 슬퍼하며 지낼 수만은 없는 일이었습니다. 생활이랄 것도 없는 생활에 몰두하는 사이, 분노와 슬픔은 슬며시 연합하여 손 꼭 잡고 내 몸을 빠져나갔습니다. 정신을 차리고 보니 어느 순간부터는 후줄근한 부끄러움밖에는 남지 않았습니다.

그랬기에 존의 그 한마디는 기묘한 방식으로 나를 위로했습니다. 부끄러움을 모르는 이 냉정한 도시에 부끄러워하는 사람이 있기는 하구나, 하는 동지애적인 감정이 돌처럼 굳었던 내 마음을 살짝 흔들어 가루를 떨어뜨렸습니다. 가슴이 답답하면서도 뜨듯해졌습니다.

나는 존에게 노란 꽃무늬 손수건을 건넸습니다. 존은 내 가족의 체취가 가득한 그 손수건으로 이마에서 줄줄 흐르는 땀과 눈가에 살짝 맺힌 눈물을 닦았습니다. 손수건을 돌려주며 미안한 듯 고마운 듯 싱긋 웃어 보인 존은, 내가 접다 만 종이배를 손에 들고 이리저리 보다가(물론 존은 그래도 되겠느냐고 정중하게 내게 부탁을 했지요.) 다시 내려놓은 후 이야기를 이어 갔습니다.

부끄러움은 부끄러움을 호출하는 법입니다. 내 머리에 또 다른 부끄러운 기억 하나가 저절로 떠오릅니다. 부끄럽다고 말하기조차 너무도 부끄러운 것입니다. 한때는 살아 있는 그 누구에게도 털어놓지 않으리라 굳게 마음을 먹기도 했습니다. 그러나 다른 사람이 아닌 당신에게는 숨길 필요가 없겠지요.

그날, 그 치욕의 날에는 비가 참 많이 내렸습니다. 예고도 없이 갑자기 폭우가 퍼붓는 날이 흔히 그렇듯 번개도 번쩍했을 것이고, 천둥도 지붕 가까이에서 쿵쾅댔을 것이고, 바람도 문짝과 마루를 뒤흔들며 요란하게 불었을 것입니다.

그러나 이상하게도 번개와 천둥과 바람에 대한 기억은 전혀 없습니다. 내 머릿속에 각인된 단어는 동궁을 모조리 부술 기세로 줄기차게 퍼붓던 비, 비, 비뿐입니다.

그때 나는 열네 살이었습니다. 책을 위장막 삼아 넓게 펼쳐 놓고 줄곧 딴생각에 잠겨 있던 나는 갑작스럽게 퍼붓는 빗소리에 놀라 문을 열고 고개를 쑥 내밀었습니다. 세상을 부술 듯 참으로 기세 좋게 내리는 비를 넋 놓고 바라보다가 어떤 결심 하나를 했습니다. 비가 장하게 내리니 저녁 수업을 건너뛰어야겠다는, 지금 생각하면 철도 없고 맥락도 닿지 않는 한심한 열네 살 소년다운 결심을 그때 문득 머리에 품었습니다.

나는 오래간만에 내 의지로 만든 결심이 두려움에 흔들려 실바람처럼 순식간에 사라지기 전에 재빨리 내시를 불러 알렸습니다. 비가 쉬지도 않고 퍼붓고 있으니, 기운이 거세고 소리가 요란하니, 마음이 몹시 뒤숭숭하니, 저녁 수업을 건너뛰는 게 좋겠다는 내 생각을, 손 한 번 떨지 않고 말 한 번 더듬지 않고 정확하고 위엄 있게 알렸습니다. 무심한 얼굴의 내시는 알겠다고, 저녁 수업을 맡은 필선*에게 방금 들은 저하의 말을 한 자도 빠짐없이 그대로 전하겠다고 말하고는 고개 숙이고 뒷걸음질하며 사라졌습니다.

필선(弼善) 왕세자의 교육을 맡은 정사품 벼슬.

일탈, 혹은 작은 반역의 뜻을 이룬 그때 나는 행복했을까요? 내 결심으로 얻은 자유는 뜻밖에도 나를 조금도 기쁘게 하지 못했습니다. 내시가 사라진 그 순간부터 고민이 번개를 동반하고 찾아와서는 아예 방구들에 자리 잡고 앉았습니다. 발끝부터 머리끝까지 단숨에 차오른 고민의 뜨거우면서도 냉혹한 감각을 견디지 못한 나는 몸을 떨고 치를 떨었습니다. 쌍무지개나 일식 같은 그럴듯한 이유도 아닌, 고작 한나절의 폭우를 방패로 삼은 내 어리석은 행동을 후회하고 또 후회했습니다.

아, 스승들은 도대체 나를 어떻게 생각할 것인가?

아버지는 또 나를 어떻게 생각할 것인가?

덜덜 떨던 나는 결국 일각*도 버티지 못하고 다시 내시를 불렀습니다. 다른 것도 아닌 비 때문에 쉬기가 매우 미안하니 마음을 다잡고 다시 저녁 수업을 받겠노라는 내 새로운 결심, 아니 씁쓸한 항복의 말을 전했지요.

일각(一刻) 한 시간의 4분의 1.

내시가 사라진 뒤 나는 문을 활짝 열었습니다. 내리는 비를 아쉬움 담긴 눈으로 한참 바라보았습니다. 허무했습니다. 칼을 뽑아 들었으나 그 칼로는 끊을 수도 없는 빗줄기를 향해 요란하게 휘두르고 다시 집어넣은 격이었지요.

비, 비, 비. 비는 그 사실을 아는지 모르는지 여전히 장하게 내렸습니다. 내가 휘두른 무딘 칼날 따위는 한참 전에 잊어버리고(머릿속에 담아 둔 적도 없었겠지요.) 그저 제 의지대로, 누구의 명령도 따르지 않고 스스로의 동력으로 아름답게 또 장엄하게 내렸습니다.

아, 밖으로 뛰쳐나가 자율 의지로 내리는 훌륭한 비를 맞음으로써, 그 비에 푹 젖음으로써 스스로를 벌주거나 욕되게 만들고 싶은 유혹을 견뎌 내느라 어린 나이에도 꽤나 애를 먹었던 기억이 지금도 손에 잡힐 듯 생생합니다.

부끄러움은 부끄러움을 호출하는 법입니다. 기왕 시작했으니 다른 것들도 사실대로 말해야 하겠지요. 공부를 못하는 아이였던 내가, 공부를 아예 좋아하지도 않던 아이였던 내가 수업 중에 겪었던 수모는 이루 헤아릴 수도 없이 많았지요. 그중 지금 생각해도 얼굴이 저절로 화끈거려지는 건 도술과 관련한 문답입니다.

근엄한 스승들이 오래간만에 한 분도 빠지지 않고 다 모인 특별한 아침 수업 자리에서 나는 늙은 우빈객*에게 자신 있게 질문을 던졌습니다. 방금 읽은 통감 책에 나오는 도술은 세속에서 말하는 그 해괴한 도술을 말하는 것이 아니냐고 물었습니다. 형태는 질문이나 사실은 확신에 가득 찬 말, 그러니까 질문이라기보다는 내 지식을 자랑하려는 호기로 가득 찬 말을 꽤 자신 있게 내뱉었습니다.

내 말이 떨어진 순간, 좌중에 감돌던 싸늘한 분위기는 지금까지도 종종 떠올라 나를 몸서리치게 합니다. 그동안에 꾸었던 숱한 악몽들, 그 순간을 그대로 재연한, 너무도 구체적이고 착실해서 실제보다 더 무서웠던 악몽들은 아예 언급할 필요조차 없겠지요.

스승들 중에서 가장 연장자인 우빈객은 지혜로 무장한 노인답게 윤기 없고 차분한 목소리로 나를 격파했습니다. 도대체 왜 그런 질문을 하시는지 우매한 자신은 그 이유를 도무지 모르겠으나, 방금 읽은 도술은 사악한 도술이 아니라 올바른 도에 대해 말하는 엄정한 학술을 이르는 것이라고 답했습니다.

기대와는 다른 답변에 실망, 아니 내 엉터리 답을 정답으로 거의 확신했던 터라 절망했습니다. 아니 실망과 절망이라기보다는 우빈

우빈객(右賓客) 왕세자의 교육을 맡은 정이품 벼슬.

객의 말을 듣자마자 갑자기 닥친 두려우면서도 외롭고 부끄러운 감정에 완전히 휩싸였지요. 나는 도대체 뭐라 대꾸해야 할지 몰라 두꺼비처럼 눈만 껌벅거리다가 마침내 제가 잘못 알았습니다, 하고 비굴한 목소리를 속에서부터 쭉쭉 짜내어 대답을 했지요.

그것으로 끝이 아니었습니다. 그 뒤로 이어진 여러 스승들의 나지막하나 냉정하고 정곡만 골라 찌른 매서운 질타는 참으로 대단했습니다. 한 스승은 생각하면 명철해지고 생각하지 않으면 어리석어진다고(다시 말하면 너는 참 어리석인 놈이다, 라는 뜻이겠지요.) 꾸짖었습니다. 다른 스승은 태어나서부터 아는 이가 별로 없으니 가르치는 이가 있는 것이 아니겠느냐고(다시 말하면 너는 아는 것도 하나 없으면서 스승을 무시하는 놈이다, 라는 뜻이겠지요.) 꾸짖었습니다. 또 다른 스승은 세자를 가르치는 법도가 엄정한데도 도무지 실력이 늘지 않는 것은 공부를 게을리하기 때문이라고(다시 말하면 너는 어리석은 것도 모자라 노력도 하지 않는다, 라는 뜻이겠지요.) 꾸짖었습니다.

한차례 태풍이 휘몰아친 후에 나는 바닥에 바싹 엎드려 다시 한 번 내 죄를, 온 정성을 들여 털어놓았습니다. 가만히 저를 깨우쳐 주시는 귀한 말씀들 참으로 감사합니다, 전보다 두세 배는 더 비굴한 목소리로 최종 항복 선언까지 했던 것이지요.

마침내 고난의 시간이 끝나고 스승들이 물러갔습니다. 기다렸다는 듯이 내시가 들어와 저녁 수업은 어떻게 하겠느냐고, 그에게는 일상인 질문을 던졌습니다. 나는 하겠다는 일상적인 답변을, 가능한 한 굵은 목소리에 있지도 않은 권위까지 듬뿍 담으려 애쓰며 대답했지요. 그 순간 내시의 얼굴에 황제의 만주어 문장을 전하던 만주족 역관과 비슷한 표정이 잠시 머물렀던 건 아마도 오랜 세월을 사는 동안 생긴 나의 착각일 테고요.

지금 와서 돌이켜 생각해 보면, 내 스승들은 하나같이 훌륭한 분들이었습니다. 그들의 높고 엄격했던 기준을 통과하기에 나는 한참을 못 미쳤지요. 그래서 들어야만 했던 부러진 회초리 같았던 매운 질책들을, 나는 내가 읽고 외웠던 경전 속의 글들보다 더 정확히 기억합니다.

- 저하께서는 마음과 눈을 이리저리 움직이지 마시고 가만히 뜻을 모아 책을 보시는 게 어떻겠습니까?
- 저하께서는 배울 때 집중을 하지 않습니다. 예전에도 그랬지만 지금도 똑같습니다.

• 해는 길고도 깁니다. 그런데 저하께서 배우시는 글은 하루에 열 줄도 되지 않습니다. 백 번을 읽는다 해도 어려운 일이 아닌데, 저하의 외우는 솜씨를 보니 겨우 열 번 남짓 읽으신 것 같습니다.

• 낮이 긴 날에 독서하는 것 말고 하시는 일이 도대체 무엇입니까? 유희입니까? 애완입니까?

• 세월은 쉽게 흐르고 공부는 성취하기 어렵습니다. 스스로 반성하셔서 앞으로는 더욱 부지런히 하시기 바랍니다.

• 스승들이 기다리고 있는데 제시간에 나오지 않으시니, 이는 참으로 여러 사람에게 미안한 일입니다.

• 공부할 책은 반드시 정밀하게 읽으십시오. 단정하고 엄숙하게 기다리다가 공부 시간이 되면 서둘러 자리에 나오십시오.

• 왕세자는 천하의 근본입니다. 왕세자가 현명하면 천하가 일어나 다스려지고 현명하지 못하면 천하가 혼란해져 멸망하는 법입니다.

• 천하의 혼란과 멸망이 저하에겐 사소한 일처럼 느껴지십니까?

존을 꾸짖었다는 스승들의 언사는 청양고추보다 백배는 더 매웠습니다. 나도 모르게 어깨를 움츠리면서 존의 여윈 손을 살짝 잡았다 놓았습니다. 존은 내 갑작스러운 행동에도 당황하지 않았습니다. 그저 내게 살짝 고개를 숙여 보이며 지금은 괜찮다고 했습니다. 들을 때는 모질게만 느껴졌던 스승들의 말이 사실은 하나도 빠짐없이 다 옳았다는 것을 지금은 잘 알고 있다고 했습니다.

너그러운 존의 모습이 도리어 나를 화나게 만들었습니다. 모든 잘못을 자신에게로 돌리는 존의 관대한 모습이 내 입을 열게 만들었습니다.

나는 존에게 그렇지가 않다고 했습니다. 그건 개인의 잘못이라기보다는 시스템의 문제일 가능성이 훨씬 더 크다고 했습니다. 열네 살 소년에게 그래야만 하는 이유는 제대로 설명하지도 않고 무조건적인 복종만을 강요하는 시스템, 논리로 설득하는 게 아니라 잘못을 강제로 인정하게 만드는 시스템, 어른인 자신들은 아무 잘못도 없는 것처럼 구는 그 냉정한 시스템이 문제라고, 조금은 과하게 흥분해서 말했습니다.

내 말을 들은 존은 그저 이렇게만 말했습니다. 고맙습니다. 당신이라면 내 편을 들 줄 알았습니다. 그러나 내가 해야 할 일을 다

하지 못했다는 부끄러움은 천년만년이 지나도 결코 사라지지 않을 것입니다.

말이 나온 김에 내가 그 훌륭하고 준엄한 스승들에게 어떻게 대처했는지도 고백해야겠습니다. 제일 먼저 반응한 건 나의 몸이었지요. 스승들이 나간 지 얼마 되지 않아 나는 가래를 내뿜고 말을 더듬고 토사곽란*에 시달렸습니다. 그 소식을 들은 스승들은 당황했고, 의원들은 분주히 움직였습니다.

단 한 사람, 내 아버지는 여유로웠습니다. 나보다도 나를 잘 안다고 자신하는 아버지는 내 증세를 전해 들은 후 다음과 같이 냉정한 진단을 내렸다지요. 별로 대단한 병이 아니다. 차가운 것을 자주 먹어 생긴 병에 불과하다.

진맥과 청진과 문진으로도 뾰족한 원인을 찾지 못했던 의원들은 아버지의 명쾌한 진단을 진리로 알아듣고 약을 처방했습니다. 나는 질경, 가자*, 패모*, 귤을 더해 만든 씁쓸한 알약을 먹었으며,

토사곽란(吐瀉癨亂) 위로는 토하고 아래로는 설사하면서 배가 질리고 아픈 병.
가자 가리륵의 열매를 한방에서 이르는 말. 오래된 설사, 기침 등에 쓴다.
패모 백합과의 여러해살이 풀로 관상용이고 약으로도 쓴다.

다음 날 아침에는 아픈 배를 부여잡고 다시 공부를 해야 했지요. 고생을 심하게 하긴 했어도 며칠 뒤에는 아픈 기운이 완전히 사라졌으니(물론 그 증상들은 내 신경이 곤두설 때면 잊지 않고 나를 찾아와서 아예 '나'라는 존재의 일부로 자리 잡았지요.) 아버지의 진단이 영 엉터리는 아니었던 셈입니다.

그러나 지금 생각해 보면 의문도 듭니다. 내 증세가 일시적이나마 완전히 사라졌던 것이 과연 아버지가 내린 정확한 진단, 그리고 그에 따른 적절한 처방 때문이었을까요? 어쩌면 아버지의 차가운 어투에서 느껴졌던 나에 대한 깊은 실망감(별로 대단한 병이 아니다. 어릴 때부터 공부하라고만 하면 목이 마르니 어쩌니 해 가면서 찬 것을 찾아 먹고는 배를 움켜쥐었으니. 나이에 비해 의젓했던 동생과는 떡잎부터 달랐다.)과 그런 아버지에게 크게 혼쭐이 나곤 했던 옛 기억들이 나로 하여금 병을 스스로 이겨 내게 만들었던 것은 아니었을까요?

아버지에 대한 내 어설픈 논평은 잊어 주십시오. 모든 걸 망쳐버린 아들의 씁쓸한 변명에 불과하니까요. 무엇보다도 지금 내가 힘주어 이야기하려는 건 아버지에 대한 비난이 아니라 내 공부의 실패에 대한 가감 없는 분석과 인정이니까요. 결과적으로 보면 스승들의 말은 하나도 빼놓지 않고 모두 다 옳았습니다. 내 게을렀던 공부는 결국 어느 스승이 예견했던 대로 천하의 혼란과 멸망에 버금가는 끔찍한 결과를 야기했으니 말입니다.

그러고 보면 황제 또한 내 게을렀던 공부의 이력을 정확하게 알고 있었던 것이 분명합니다. 대청국 황제다운, 다이칭 구룬의 신성한 칸다운 혜안으로 이제는 속국이 된 나라에서 온 세자의 병증을 속속들이 다 파악하고 있었으니까요. 그랬기에 관대하고 자애로운 황제는 특별히 나를 따로 불러 너는 우리에게 패배를 했으면서도 왜 만주어를 공부하지 않느냐는, 네 백성을 다 망하게 했으면서도 여전히 그 모양 그 꼴이냐는, 정신을 번쩍 들게 만드는 따끔한 질책을 베푼 것이겠지요.

그렇습니다.

모든 건 다 나 때문이었습니다.

문제를 아버지와 스승 탓으로 돌리는 건 부끄러움을 모르는 한심한 소년의 짓거리입니다. 그렇기에 이제야 비로소 부끄러움에 눈뜬 나는 당신에게 내가 지은 죄를 고백할 수밖에 없습니다.

아, 나는 정말로 공부를 못하는 아이였습니다.

존의 이야기가 끝났습니다. 그는 내가 만든 종이배만 어루만질 뿐 더 이상 아무 말도 하지 않았습니다. 그 침묵을 바라보며 나는 할 말을 생각했습니다. 당신의 잘못이 아니라고 말하며 존을 위로하고 싶었습니다. 그러나 진솔한 위로만으로는 부족한 느낌이 들었습니다.

그 순간 어제저녁에 읽었던 경전의 유난히 슬펐던 문장, 그래서 밑줄까지 그어 가며 여러 번 읽었던 문장, 그래서 아예 머릿속에 넣어 버린 문장이 갑자기 머리에 생생하게 떠올랐습니다. 나는 기적처럼 떠오른 그 문장을 존에게 들려주었습니다.

> 해와 달이 제자리를 잃어 모이지 않으니, 눈 먼 악관은 북을 치고 신하들은 달려 나가고 백성은 달아났습니다.

세상을 살다가 보면 한 인간이 어떻게 할 수 없는 일도 일어나는 법이니 너무 자책하지 말라고 진심을 담아 말했습니다. 눈을 감고 무엇인가를 생각하던 존은 다시 눈을 뜨고는 문장을 들려주었습니다.

아무것도 하지 않고 놀기만을 좋아하던 단주는, 거만하고 포악한 일을 즐겼던 단주는, 밤낮없이 물 없는 곳에 배를 띄우며 떼를 지어 집 안에서 음탕하게 놀던 단주는, 결국 후손도 끊기고 말았습니다.

존은 이유 없이 망하는 나라는 없는 법이라고, 그로서는 꽤 단호하게 말했습니다. 잠깐 단호했던 존은 이웃한 버드나무 뒤로 가서 먹었던 것들을 게워 냈습니다. 속에 든 것들을 토해 내는 그 소리와 동작이 이야기로 들었던 것보다 훨씬 더 괴롭고 슬퍼 보여서, 하마터면 나도 따라서 토할 뻔했습니다. 하지만 그런 내 행동은 존을 더 크게 동요하게 만들겠지요. 나는 어금니를 꽉 깨물고 입안 가득 차오른 신물을 삼켰습니다.

다시 내 옆으로 온 존은 정중한 태도로 사과를 하더니 한 가지 부탁을 했습니다. 사소하기 그지없는 부탁이었습니다. 종이배 접는 법을 가르쳐 달라는 것이었으니까요. 나는 존이 쉽게 따라 할 수 있도록 아주 천천히 종이배를 접었습니다.

종이배 접기는 기본 중의 기본이라 초보자도 쉽게 접을 수 있습니다. 그랬기에 공부를 못한다고 말하며 가슴 아파했던 존 또한 어렵지 않게 종이배를 완성했습니다. 이제 할 일은 하나뿐이었습니다. 우리는 함께 종이배를 접었습니다. 내가 가져온 배낭 속의 색종이가 다 없어질 때까지 우리는 종이배를 접고 또 접었습니다.

신시의 뜨거웠던 시간은 가고 강변에도 저녁이 찾아왔습니다. 공원엔 가로등이 켜졌고 다리에도 조명이 들어왔습니다. 때맞춰 유람선 한 척이 다리를 향해 다가왔습니다. 해 떨어진 후 삼십 분이 하루 중 가장 아름답다는 것을 사람들은 본능적으로 아는 법입니다. 지금껏 보이지도 않다가 갑자기 나타난 사람들은 다리와 유람선을 배경으로 사진 찍기에 바빴습니다.

나와 존은 각자 만든 종이배들을 품에 안고 강으로 걸어갔습니다. 어둠과 함께 검어진 강에서는 비릿하고 우울하고 슬픈 냄새가 났습니다. 존은 나에게 무슨 말인가를 하려다 말고 고개를 젓더니 자신이 만든 종이배를 강에 띄웠습니다.

나 또한 내가 만든 종이배를 강에 띄운 후 입으로 후 하고 바람을 불었습니다. 종이배는 천천히, 천천히 흘러갔습니다. 커다란 유람선에 비하면 작고도 작아 티끌처럼 보이는 종이배는 강물 위를 느리게, 느리게 흘러갔습니다. 그래도 배는 배였습니다. 종이배는 좌우로 흔들리면서도 가라앉지는 않았습니다.

위태로운 항해를 하며 조금씩 멀어져 가는 종이배를 보며 존은 내가 가르쳐 준 노래를 불렀습니다. '배가 있었네, 작은 배가 있었네.'로 시작하는 노래를 조금은 부끄러워하면서도 여전히 정중한 목소리로 불렀습니다. 존의 노래는 내 노래보다 훨씬 듣기에 좋았습니다. 그 노래를 들으며 나는 내 가족을 슬쩍 떠올렸다 지웠습니다.

나는 다시 텅 비어 버린 머리에, 존이 살았던 동궁에 장하게 내렸다던 그 장대비를 채워 넣었습니다. 폭염이 빈틈없이 정복한 이 도시에도 장대비가 게릴라처럼 내린다면 얼마나 좋을까요? 장한 비가 역사처럼 꿋꿋하게 내린다면 얼마나 시원하고 아름다울까요? 그러나 저물었어도 날은 여전히 뜨겁기만 할 뿐이었습니다. 나는 갑자기 몹시 부끄러워졌습니다.

놀이공원에서 이어 간 공부

공무도하(公無渡河)
공경도하(公竟渡河)
타하이사(墮河而死)
당내공하(當奈公何)

폭염 경보가 발령된 신시의 실내 놀이공원은 복잡하고 시끄러웠습니다. 시끌벅적한 장소를 그다지 좋아하지 않는 내가 놀이공원을 찾은 건 아마도 옛 기억 때문일 것입니다.

몇 해 전 어느 날, 나는 가족과 함께 이곳에서 행복의 정의에 어울리는 시간을 보냈습니다. 그때도 복잡하고 시끄러웠기는 마찬가지였습니다. 하지만 그 시끌벅적함도 행복의 일부였습니다.

놀이공원의 나는 17세기 한양의 운종가를 구경하러 온 시골 나그네였습니다. 뚜렷한 목적도 없이 이곳저곳을 허우적거리며 헤매 다니다 쉬기에 적당한 빈자리 하나를 어렵게 찾아 앉았습니다.

동선에서 살짝 비켜나 있어서 꼭 버드나무 그늘처럼 어둡고 구석진 자리, 그럼에도 경쾌한 왈츠 음악과 함께 쉬지 않고 돌아가는 회전목마가 왼편으로 보여 수심에 잠긴 이의 적적함을 어느 정도 달래 줄 수도 있는 그 자리는, 번잡한 놀이공원에서 가장 인적이 드문 곳이었습니다.

나는 울퉁불퉁한 회색빛 인공 석벽에 등을 살짝 기대고 눈을 감았습니다. 걸어 다닐 때는 느끼지 못했던 피로가 한순간에 몰려왔습니다. 나는 한 시간 가까이 놀이공원을 헤매고 다녔던 것입니다. 꼭 무엇을 찾는 사람처럼 말이지요. 심호흡을 하니 음악이 귀에 들어왔습니다. 회전목마에서 들리는 왈츠였습니다.

눈을 감고 듣는 〈아름답고 푸른 도나우〉는 오늘따라 외롭고 쓸쓸하게 다가왔습니다. 다른 때에는 느끼지 못했던 감정이었습니다. 갑자기 머리를 풀어 헤친 흰머리 남자가 귀기 어린 표정을 하고서 도나우 강에 뛰어드는 장면이 떠올랐습니다. 강의 신이 내미는 손을 덥석 잡아 버린, 인간으로서는 어찌해 볼 도리도 없는 그 매혹적이면서도 위험한 불가항력에 포섭된 것이지요.

강변엔 여자도 서 있었습니다. 뒤늦게 달려와 안타까이 손만 내밀었던 여자는 흰머리가 더 이상 보이지 않게 되자 그 자리에 주저앉아 눈물 흘리며 노래를 불렀습니다.

공무도하(公無渡河)　임이여, 물을 건너지 마오.
공경도하(公竟渡河)　임은 기어이 물을 건너시네.
타하이사(墮河而死)　물에 빠져 돌아가시니,
당내공하(當奈公何)　임이여, 이제 어찌할꼬.

범인 검거라도 하듯 다가온 조심스러운 인기척에 놀라 노래를 멈췄습니다. 놀이공원 한구석에 앉아 쓸쓸한 노래를 읊조린 게 괜히 쑥스러웠습니다. 나는 높다란 천장에 매달려 버둥거리듯 움직이는 총천연색 비행선 행렬을 한번 보고는 곁눈질로 옆에 앉은 이를 살폈습니다.

존이었습니다. 전과 똑같이 흰색과 검은색이 어우러진 전형적인 하급 행정직 공무원 차림의 존, 그러나 전에 만났을 때보다 훨씬 더 추레하고 야윈 존이 나를 보며 싱긋 웃고 있었습니다.

세상을 떠돌다 보면 언젠가는 다시 만날 수도 있다고 여기기는 했습니다. 막상 그 생각이 현실이 되고 보니 혈육이나 오랜 친구를 만난 것처럼 반가웠습니다. 그럼에도 나는 고개만 까딱해 보였습니다. 살갑게 손 마주 잡고 안부를 묻기엔 아무래도 좀 애매한 사이이기도 했고, 감정 표현의 자제를 미덕으로 여기는 권위주의적 사이비 유교 사회에서 줄곧 살아온 것이 영향을 미쳤을 수도 있겠지요.

존은 나와는 달리 자리에서 일어나 고개를 허리까지 푹 숙이고 인사를 했습니다. 존은 당연히 그래야 하는 의식처럼 바지를 뒤져 초코파이를 내밀었습니다. 우리는 경쾌하게 회전하는 회전목마를 바라보며 말없이 초코파이를 나눠 먹었습니다.

회전목마가 잠시 멈추었을 때 존은 특유의 정중한 태도로 조금 전에 내가 불렀던 노래에 대해 물었습니다. 나는 이상은이라는 가수가 부른 〈공무도하가〉의 중간 부분이라고 답했습니다. 원래 〈공무도하가〉는 고대 조선이 아직 세상에 존재하던 시절에 지어진 가곡으로, 작자는 분명하지 않다는 토막 상식까지 덧붙였습니다.

무엇에 홀린 듯 갑자기 강에 뛰어든 백수광부*, 그 광경을 울면서 지켜보다가 결국 남편의 뒤를 따른 성명 미상의 아내, 배를 젓

백수광부(白首狂夫) 머리가 허옇게 센 미친 늙은이.

고 있다 우연히 그 참상을 목격한 곽리자고, 남편 곽리자고에게 그 이야기를 듣고 가슴을 세게 친 다음 공후*를 집어 들고 연주하며 노래를 부른 여옥에 대해서도 빼놓지 않고 존에게 말해 주었습니다.

그러나 내 머리에 떠오른 걸 다 전하지는 않았습니다. 시립 박물관에 전시된 오래된 공후를 보며 내 가족과 나누었던 몇 해 전 그 어느 날의 정다웠던 이야기만큼은 그에게 하나도 털어놓지 않았지요.

내 설명을 듣고 고개를 끄덕인 존은 참 쓸쓸한 노래라고 말했습니다. 잠깐 침묵했던 존은 고개를 한 번 갸웃하고는 무언가에 크게 절망하고 깊게 상처받은 사람이 깊은 강을 도구도 없이 맨몸으로 건너기란 예나 지금이나 참 어려운 일이라고 덧붙였습니다. 이견이 없었던 나는, 존의 말에 갑자기 가슴에 비수로 찔린 것 같은 통증을 느꼈던 나는 손바닥으로 가슴을 어루만지면서 고개만 끄덕였지요.

존은 회전목마를 바라보며 내게 물었습니다. 곽리자고는 왜 백

공후(箜篌) 하프와 비슷한 현악기.

수광부를 구하러 나서지 않았을까요? 왜 방관했을까요? 그에겐 배가 있었는데 말입니다.

나는 대답을 하지 못했습니다. 곽리자고의 행동에 대해 진지하게 고민한 적은 한 번도 없었기 때문입니다. 아마도 이유가 있었겠지요, 대답하고 싶었지만 그냥 입을 닫는 편을 택했습니다. 내 대답은 결국 모르겠다는 뜻과 하나도 다르지 않았으니까요.

회전목마가 멈췄습니다. 존은 공손한 태도로 내게 부탁을 했습니다. 흰색 말을 타고 싶습니다.

존은 소원을 이루었습니다. 갈기는 푸른색에 다리는 갈색이었지만 전체적으로는 흰색이라 불러도 무방한 말을 골랐지요. 나는 놀이 기구 앞에 가까이 다가가서 존이 회전목마 타는 모습을 지켜보았습니다. 다른 사람들처럼 사진을 찍지도 않고 손 흔들거나 괴성을 지르지도 않고 그냥 주머니에 손 넣고 목을 살짝 뒤로 젖힌, 조금은 불편한 자세로 서서 보았습니다.

회전목마를 탄 사람들 중에서 존은 단연 눈에 띄었습니다. 존은 진짜 말을 타듯 회전목마를 탔습니다. 존은 기둥을 잡지 않았습니다. 그는 있지도 않은 고삐를 움켜쥐고 존재하지도 않는 박차를 가하며, 마치 요동 벌판을 달리듯 전쟁터를 누비듯 전심전력을 다

해 회전목마를 탔습니다.

음악은 여전히 〈아름답고 푸른 도나우〉였습니다. 내가 아는 상식으로는 전쟁에 패배한 국민들을 위로하기 위해 만들어진 노래였습니다. 스스로를 패전국의 세자로 여기고 있는 존에게는 안성맞춤일 수도 있는 노래였습니다. 우연의 일치치고는 조금 씁쓸했지만 말이지요.

회전목마가 멈추자 사람들이 내렸습니다. 이윽고 존이 내 곁으로 왔습니다. 존은 약간 피곤해 보였습니다. 이마에는 거의 검게 보이는 땀방울이 맺혔습니다. 나는 일곱 살 아이도 웃으며 타는 회전목마를 적토마* 타듯 힘겹게 타고 나온 존에게 내가 마시던 생수병을 건넸습니다.

통째로 건넨 플라스틱 병을 받아 든 존은 어쩔 줄 몰라 했습니다. 나는 소시지니 햄버거니 하는 간단한 음식을 파는 매점 옆 정수기에서 종이컵을 뽑아다가 존에게 주었습니다. 존은 종이컵에 자신이 먹을 만큼의 물만 따른 후 내게 생수병을 돌려주었습니다.

바로 그때 존의 시선이 크게 흔들렸습니다. 존의 시선이 향한

적토마(赤兔馬) 중국 삼국 시대에 관우가 탔다는 준마의 이름.

곳은 바로 매점이었습니다. 나는 존의 목젖이 파도치듯 요동치는 현장을 목격했습니다. 존의 얼굴이 전에 만났을 때보다 훨씬 야위었다는 사실도 떠올렸습니다.

존에게 뭘 좀 먹겠느냐고 물었습니다. 초코파이를 얻어먹었으니 대접을 하고 싶어서 그런 것이라고, 다른 날보다 점심을 적게 먹어서 그런지 나도 좀 배가 허전하다고, 무심한 목소리로 제안을 했습니다. 존은 빙긋 웃으며 고개를 끄덕이고는 고맙습니다, 하고 말했습니다.

나와 함께 매점으로 걸어간 존은 주저하지도 않고 소시지를 골랐습니다. 나는 소시지를 별로 좋아하지 않습니다. 그러나 존이 들고 있는 독일풍 소시지가 제법 맛이 있어 보였기에 나 또한 별로 망설이지 않고 소시지를 선택했습니다.

우리는 매점 앞 간이 의자에 앉아 함께 소시지를 먹었습니다. 그 자리에 앉으니 바이킹이 정면으로 보였습니다. 바이킹을 즐기는 사람들의 환호성, 너무 내질러서 가끔은 울음처럼 들리는 함성 소리를 들으며 소시지를 겨자 소스에 찍어서 먹었습니다.

기대했던 것보다는 훨씬 맛이 있었습니다. 그래서 우리는 며칠 굶은 사람들처럼 대화도 없이 소시지만 계속 먹었습니다. 소시지가 얼마 남지 않았을 때 존은 갑자기 중요한 깨달음을 얻은 사람처럼 아, 탄식하곤 소시지를 내려놓았습니다.

존은 내게 이렇게 말했습니다. 사람 많은 떠들썩한 곳에서 오래간만에 말도 타고 고기도 먹으니, 옛날에 경험했던 잔치 생각이 납니다.

드물게 맑고 고왔던 선양 하늘의 특별한 기운이 혼탁하기로 유명한 훈허 강물 속까지 깊이 침투했던 그날, 그 하늘과 강물을 바라보는 모든 이들의 마음을 괜히 부끄럽게 만들었던 그날, 나는 만주족들이 나의 웨이후라 부르며 지극한 애정을 표현하는 작은 통나무배를 타고 황제, 친왕들과 함께 고기잡이를 즐겼지요. 휴양하듯 사색하듯 눈 가늘게 뜨고 느긋하게 고기잡이에 몰두하던 얼굴 긴 황제는 몇 시간이 지난 후 배에서 내려 버드나무 울창한 강변에 설치된 황금빛 천막 안으로 들어갔습니다.

나 또한 배에서 내려 여러 친왕들 사이에 자리를 잡았습니다. 황제가 하사한 술과 고기가 나왔습니다. 귀신도 꺼린다는 붉디붉은 수수로 만든 고량주와 가마솥 안에서 푹 삶은 돼지고기였지요. 목구멍으로 넘기는 순간, 인가 하나 없는 외롭고 광활한 만주 벌판을 홀로 달리는 전사를 저절로 떠올리게 하는 맑고 독한 고량주, 날카로운 칼로 가죽을 벗기고 피와 내장을 정성 들여 제거한 뒤 그들의 신에게 바치는 긴 축문을 읊으며 오랜 시간 삶아 낸 그 정갈한 돼지고기, 솟대 끝에 꽂아 신에게 바치기도 하는 그 신성한 돼지고기를 만주인들이 얼마나 좋아하는지는 당신도 잘 알겠지요.

아, 어린애 볼기짝 같은 허옇고 탐스런 고기가 내 앞에 놓였을 때 목젖이 격렬하게 요동치고 입안 가득 침이 고였다는 건, 부끄럽더라도 꼭 밝히고 넘어가야 하겠습니다. 내가 원래부터 돼지고기를 환장하게 좋아했나 보다, 생각할 수도 있겠지요.

그렇지는 않습니다. 고기를 유별나게 좋아했던 건 사실이지만, 내 기호는 돼지보다는 소나 닭이었지요. 그런데 왜 나는 만주족 방식으로 조리한 돼지고기 앞에서 침을 질질 흘리고 목젖까지 덜덜 떨었을까요?

태어나서 처음 경험해 본 통나무배 시승과 고기잡이의 피로, 혹은 고기잡이를 빙자한 지나친 사색과 회고가 나를 유난히 허기지게 만들었기 때문일까요? 그런 영향도 아주 없었노라고 부인할 수는 없겠지요.

그러나 이역의 음식 앞에서 초연하지 못한 채 요동치고 흘려 버린 내 부끄러운 목젖과 정결하지 못한 군침을 설명할 수 있는 정확한 이론은 따로 있습니다. 조선인인 내가, 조선의 세자인 내가 어느새 만주족이 즐기는 만주 방식의 잔치에 완벽하게 익숙해졌다는 것, 이 말도 되지 않는 엉터리 이론만이 내 이상한 행동에 대한 유일한 답이지요.

내가 처음 경험한 만주인들의 잔치는 삼전도에서 열렸습니다. 다른 날에 비해 구름이 두껍게 하늘을 덮었기에 햇빛이 유독 어둡게 느껴졌던(어떤 이는 빛이 아예 없었다고 적기도 했지요. 음울하고 아름다워서 기억에 남는 문장이긴 하나, 그건 숙명 내지 비애를 강조하려는 터무니없는 과장일 뿐입니다. 특정한 나라를 편애하지 않는 공명정대한 하늘의 순리상 그런 인위적이고 억지스러운 조처를 통해 자신의 감정을 공공연히 드러내는 일이 실제로 일어났을 리는 없지요.) 1월의 마지막 날, 아버지와 나는 예복이 아닌 평상복을 갖춰 입었습니다.

우리는 꿀 먹은 벙어리처럼 굳게 입 다물고 깡마른 백마 한 필에 의지해 산성의 서문을 빠져나왔습니다. 몇 시간 후엔 삼전도에 임시로 마련된 9층 계단 위 중국풍 제단에 늠름한 모습으로 자리한 황제에게 세 번 무릎을 꿇고 아홉 번 머리를 조아리는 만주족 전통의 삼배구고두(三拜九叩頭) 예를 행했습니다.

긴 얼굴과 풍채만으로도 주변을 압도하는 느낌을 주는 황제는 벌판과 하늘까지도 노랗게 물들인 진한 황금색 조복을 입고 황금색 의자에 비스듬히 기대 편안한 자세로 앉아 우리의 예를 받았습니다.

우리, 정신은 씁쓸하고 참담하기 그지없었으며 쉬어도 좋다는 명령만 떨어진다면 그 자리에 그대로 쓰러져 잠이 들어도 하나 이상하지 않을 정도로 온몸이 피곤했던 아버지와 나는 자리도 깔지 않은 냉혹한 진흙 바닥, 하도 검어서 무릎에 검은 물이 들 것만 같은 더러운 진흙 바닥에서 무릎을 꿇고 머리를 조아렸지요.

그 심각한 불균형에 대해 이의를 제기할 이는 아무도 없었습니다. 황제가 높고 화려하고 편안한 곳에서 제집 안방인 양 느슨한 자세로 앉아 있고, 우리가 낮고 더럽고 차갑고 불편한 곳에서 정중하게 무릎을 꿇고 있는 이유는 명확합니다.

황제는 우리의 아버지이고, 우리는 황제의 자식이기 때문이지요.

삼전도의 얼음보다 더 차갑고 말똥보다 더 냄새나는 검은 진흙 바닥에서 나와 아버지는 강하고 여유롭고 황금색을 유독 좋아하는 이국의 아버지를 새로 얻은 셈이었지요. 당신도 잘 알고 있을, 아무리 돌려 말하려 해도 구차하기는 마찬가지인 그날의 풍경을 오랜 세월이 지난 지금 억지로 불러와 상기시킴으로써 곰쓸개처럼 씁쓸했던 그 굴욕의 맛을 새삼 반추하게 만들려는 뜻은 절대 아닙니다.

내가 말하고자 하는 것은 오직 하나, 그저 만주인들 스스로가 창안한 그들 방식의 고유한 잔치 풍경일 뿐이니까요. 처음부터 끝까지 만주족이 기획하고 진행했기에 그들의 입맛에 맞는 삶은 돼지고기와 독한 고량주가 넘쳐나고 그들의 풍속에 어울리는 색다른(마음속으로는 여전히 그들을 오랑캐로 여기고 있는 우리가 보기에는 심히 모욕적인) 여흥까지 더해졌던 그날의 요란했던 잔치 말이지요.

삼배구고두의 예를 마친 아버지와 내가 황제의 허락을 받고 단위에 올라 여러 친왕들 사이에 자리를 잡자, 얼굴이 남보다 길어 때론 몹시 사색적으로 보이기도 하는 황제는 우리를 보며 만주어로 무언가를 말했습니다. 여러 친왕들이 박수를 치며 환호했습니다.

나는 그냥 있기 멋쩍어 아주 살짝, 뭐가 좋아서 웃느냐는 식으로 책잡히지 않을 정도의 미묘하고도 외교적인 미소를 부드럽게 지었습니다. 하지만 조선 출신 역관을 통해 곧바로 전해 들은 황제의 말에, 이제는 두 나라가 한집안이 되었다는 그 명쾌한 족보 정리 내지 친족 결합 선언의 말에 웃지도 울지도 못하는, 쌀밥 먹다 돌을 씹었으나 보는 눈이 많아 뱉을 수도 없는 애매한 표정만 지어야 했지요. 흘낏 본 아버지 또한 나와 비슷한 표정이었다는 것을 당신에게 꼭 말하고 싶습니다. 물론 그렇기에 그가 내 아버지이고 내가 그의 아들이겠지만 말입니다.

존은 잠시 이야기를 멈추었습니다. 존이 남은 소시지를 먹는 동안 나는 이상한 기분에 사로잡혔습니다. 산성에서 삼전도에 이르는 내내 어둡고 침울했을 그 길을 내 두 발로 이미 걸어 보았던 것 같은 기묘한 기시감이 들었습니다.

산성에서 불어오는 얼음보다 더 차가운 바람, 골짜기에 함부로 버려진 수습되지 못한 시신들, 도중에 만났던 백성들의 냉랭한 눈빛 혹은 냉정한 외면 혹은 진한 눈물 혹은 깊은 한숨, 덮인 눈으로도 다 감추지 못한 비현실적으로 황량했던 마을들, 삼전도의 더럽고 냄새나며 성분을 알 수 없는 검은 진흙 바닥, 황제와 만주족 병사들의 황금색 천막이 끝도 없이 진을 친 풍경, 바닥에 닿은 무릎과 이마가 내는 탁음, 공중을 빠르게 나는 화살, 그 화살을 받아들인 강변의 버드나무, 한 잔의 독주와 몇 점의 돼지고기, 강물에 흔들리는 난파 직전의 낡고 작은 배 등이 며칠 전 꾸었던 꿈에서 스치듯 만났던 그리운 내 가족의 얼굴처럼 어둡고 흐리게, 그러나 명확하게 다가왔습니다.

아마도 그건 나의 착각이겠지요. 여태껏 나는 산성에 가 본 적도 없으니까요. 그렇다면 꿈처럼 생생했던 기시감은 도대체 어디에서 굴러온 것이겠습니까? 아마도 그건, 지난번 존과 헤어진 후 가까운 도서관에 들러 읽었던 여러 책들에 등장하는 묘사를 내게 있었던 일로 착각한, 그러니까 역사적 사건에 대한 지나친 몰두로 생겨난 가짜 감정 때문이겠지요.

훨씬 더 그럴듯한 이유도 하나 있기는 합니다. 존을 만나기 전 나는 놀이공원에서 그리 멀지 않은 곳에 있는 소공원에 한참 동안 머물렀습니다. 다니는 사람도 별로 없는 그 소공원을 굳이 땀 흘리며 찾아간 이유는 그곳에 삼전도비, 혹은 청나라 태종공덕비라 불리는(정확한 이름은 '대청국 신성한 칸의 공덕비'입니다.) 오래된 비석이 있기 때문입니다.

오 미터가 넘는 비석은 꽤 거대한 느낌을 주었습니다. 비석이 세워졌던 당시에는 훨씬 더 위압적이었겠지요. 제대로 된 건물 하나 없는 허허벌판에서 홀로 우뚝 서서 청나라 태종의 공적을 사방에 알렸겠지요.

그러나 그건 다 옛날이야기입니다. 잎 넓은 가로수 무리에 가린 비석은 공원 밖에서는 보이지도 않았습니다. 가로수가 없었더라도 사정은 크게 다르지 않았을 것입니다. 야외 놀이공원의 상징격인 자이로드롭이라는 놀이 기구는 비석의 몇십 배 높이였으며, 건너편에 들어선 123층짜리 건물은 높이 비교를 아예 무의미하게 만들었습니다.

삼전도에서의 굴욕적인 삼배구고두 예식이며 신성한 칸의 공덕 따위는 그 가공할 만한 높이 앞에서 이미 의미를 잃은 지 오래였습니다. 그러나 이 도시의 모든 이가 다 잊은 것은 아니었습니다. 적어도 존의 머릿속에서만큼은 그 비석과 비석이 불러온 복잡한 감정들이 여전히 살아 숨 쉬고 있었지요. 나는 비석을 본 후 호수 따라 난 길을 걸어 실내 놀이공원에 들어왔습니다. 굴욕의 현장에서 축제의 장까지는 오 분도 채 걸리지 않았습니다.

갑자기 오른손 엄지손가락이 불에 덴 듯 뜨겁게 느껴졌습니다. 한순간 푸르게 변해 버린 내 엄지손가락을 응시하다가 나도 모르게 어린애처럼 입에 넣고 빨았습니다. 내 가족이 자주 했던 그 동작, 남들이 보기엔 바보 같은 짓거리를 하는 순간, 존과 눈이 마주쳤습니다.

존은 내 비밀을 다 아는 사람처럼 빙긋 웃었습니다. 나는 얼른 엄지손가락을 입에서 빼곤 존을 따라 빙긋 웃었습니다. 이제 나는 접신한 무당이었습니다. 생각에 잠겼다가 엄지손가락을 덴 나는 존이 다음에 할 이야기를 짐작했고, 곧바로 이어진 존의 이야기는 내 예상이 적중했음을 알려 주었습니다.

그날의 분위기는 야구 경기장에서처럼 박수와 환호가 쏟아져 나오던 바로 그 순간부터 확 바뀌었습니다. 친왕들의 시선을 느낀 황제는 조용히 미소 지으며 고개를 천천히 끄덕였습니다. 그것이 일종의 신호였다는 건 그 뒤에 일어난 일들을 보고서야 깨달았습니다.

황제는 자리에서 일어나 태감이 건네는 활과 화살을 건네받았습니다. 느긋하게 활을 어루만지던 황제는 어느 순간 빠르게 화살을 시위에 메겨 활을 쏘았습니다. 화살은 대략 보아도 백 보 밖에 위치한 버드나무 몸통에 정확히 박혔습니다.

예고도 없이 갑자기 찾아온 화살에 버드나무는 파르르 온몸을 떨었습니다. 만주인들은 너 나 할 것 없이 환호성을 터뜨렸습니다. 얼떨떨한 표정으로 지켜보고 있던 나 또한 황제의 뛰어난 활 솜씨에 속으로 크게 놀랐지요.

황제가 시범을 보였으니 이제는 친왕들의 차례였습니다. 단 아래 군사들이 집결해 있던 곳의 반대편에 과녁이 세워졌습니다. 강화 공략의 일등 공신이라 할 구왕*이 제일 먼저 활을 쏘았습니다. 오십 보 밖에 위치한 과녁 중앙에 화살이 정확히 박히자 또다시 요란한 환호성이 터졌습니다.

그 뒤를 이어 다른 왕들과 장수들도 함께 어울려 활을 쏘았습니다. 더러는 과녁에 박혔고 더러는 과녁을 지나치거나 못 미쳐서 땅에 떨어졌지요. 아주 가끔은 구름을 뚫을 듯 높이 치솟기도 했고, 한두 발은 서너 발 앞 땅바닥에 그대로 박히기도 했지요. 재미있으라고 일부러 그런 것이었는지 단순한 실수였는지는 지금도 잘 모르겠습니다. 조선 사람들에 비하면 감정 표출에 무척 솔직한

구왕(九王) 청 황제 홍타이지의 동생 도르곤.

만주인들이지만, 가끔은 도통 속을 알 수 없는 엉뚱한 행동을 하곤 하니까요.

달리 할 것도 없는 처지라 무심한 눈으로 공중을 나는 화살, 아니 그보다는 화살이 그려 놓은 무형의 궤적을 보며 의미 없는 명상에 빠졌습니다. 그런데 황제의 또 다른 명령이 역관을 통해 전해졌습니다. 너희도 즐겨라.

활 쏘는 자리에 함께 어울리라는 뜻이었습니다. 참으로 황망한 요구였지요. 무력에 굴복해 항복한 이들에게 활 쏘며 놀고 즐기라는, 승자인 자신들과 함께 박수 치고 환호하고 기뻐하라는 말이었으니까요. 그렇다고 거절할 수도 없는 요구였습니다. 황제의 말은 곧 법이었습니다. 금방 항복한 죄 많은 아들이 힘센 새아버지의 법을 대놓고 어기는 건 도무지 말이 되지 않는 무례한 행동일 테니까요.

결국 입 밖으로는 소리도 내지 못하고 눈빛으로만 주고받은 짧은 회의 끝에 당신이 대표 격으로 나서서 활을 쏘게 되었습니다. 당신은 총 다섯 발을 쏘았지만 모두 과녁 근처에도 가지 못했지요. 활쏘기에 능숙하지 못한 세자시강원* 소속의 문관이라 그랬을 겁니다. 친숙한 도구가 아닌 만주인들의 활과 화살을 빌려 써서 그랬겠지요. 그래도 왠지 모르게 마음 한구석이 허전해지는 건 어쩔 수 없는 일이었습니다.

그러나 우리에겐 느닷없었던 그날의 활쏘기, 그러니까 이상한 방식으로 우리의 패배를 재확인하게 만들어 준 그 활쏘기 또한 내가 당신에게 말하려던 것은 아닙니다. 그 뒤에 열린 진짜 만주 방식의 잔치, 술과 고기가 거의 무한대로 베풀어진, 꼭 오늘의 놀이공원처럼 요란했던 그 잔치야말로 아까부터 줄곧 내가 말하지 못해 안달복달하던 것이었으니까요.

그날 나는 고량주와 삶은 돼지고기를 태어나서 처음으로 제대로 맛보았습니다. 고백하겠습니다. 만주족이 사랑하는 그 음식들이 처음부터 내 입맛에 딱 맞지는 않았습니다. 은은한 맛의 소주, 혹은 시큼한 탁주만 생각한 채 멋모르고 들이켠 지독한 고량주는 식도, 위, 장을 마구 뒤집어 놓았습니다. 속을 진정시키기 위해 입에 넣은 삶은 돼지고기는 물컹하고 비리고 심심했습니다.

그런데도 나는 흥겨운 분위기를 깨지 않기 위해 석 잔의 고량주와 여러 점의 돼지고기를 마시고 먹었습니다. 고량주는 내 몸속을

세자시강원(世子侍講院) 왕세자의 교육을 맡아보던 관아.

참 빠르게도 흘렀습니다. 그 속도가 하도 빨라 꼭 온몸이 동시에 불에 덴 것 같은 기분이었지요.

나는 고개를 살짝 흔들고는 눈을 한 번 질끈 감았다 떴습니다. 독주에 특히 심하게 상처 입은 배를 손으로 살짝 어루만지고 있었는데 갑자기 눈앞에 검은 범이 나타났습니다. 한낮의 범이라니, 그것도 무늬도 없는 시커먼 범이라니, 고량주에 취하고 돼지고기에 입맛을 버리고 피로에 몸과 마음이 모두 굴복해 드디어 헛것을 본 줄 알았지요. 마침내 현실의 고통스러운 땅을 떠나 지옥의 문턱에 들어선 줄 알았지요. 아니었습니다. 그건 범이 아닌 실제의 개, 그러니까 황제가 선양에서부터 데려온 몽골산 개였습니다.

황제는 자신의 황금 의자 앞에 예의 바르게 멈춰 앉은 송아지만 한 검은 개에게 돼지고기를 주었습니다. 황제의 점잖은 얼굴과는 전혀 어울리지 않는 야만적인 방식이 눈길을 끌었습니다. 황제는 그릇에 놓여 있던 돼지고기 한 덩어리를 손으로 집어 들더니, 그 중 일부를 자신의 칼로 직접 베어 개에게 던져 주었습니다.

아, 나는 그때 너무 놀라 시간의 흐름이 아예 멈춘 줄 알았습니다. 고기를 베어 던져 주는 황제의 커다란 털북숭이 손과 혀를 쭉 내민 채 고기가 떨어지기만을 기다리는 개의 갈급한 두 눈! 내게 그것은 솜씨 좋은 화원이 그린 한 폭의 정교한 풍속화처럼 보였습니다. 그 장면을 함께 지켜봤던 아버지의 낮은 한숨 소리가 들렸거나 들리는 것 같았습니다.

우리는 저런 포악하고 무식한 오랑캐들에게 패배한 것이다.

우리는 저들의 개만도 못한 신세가 된 것이다.

아버지의 쓸쓸한 독백, 듣기에 따라서는 자신의 실패에 대한 인정이기도 하고 혹은 자신의 실패를 다시는 반복하지 말라는 반면교사적인 진지한 충고가 될 수도 있는 웅얼거림이 내 귀에 똑바로 들렸거나 들리는 것 같았습니다. 아버지가 실제로 한숨 쉬고 독백을 했는지는 잘 모르겠습니다. 이제 아버지에게 물어볼 수도 없게 되었으니 아마도 그건 영원한 수수께끼로 남겠지요.

그 진귀한 광경을 보고 있던 나는 그 순간 무엇을 했던가요? 나도 모르게 황제를 따라 했습니다. 만주인처럼 고기 한 점을 손으로 집어 입에 넣었다는 뜻입니다. 내 바쁜 저작*과 함께 정밀한 그

저작(咀嚼) 음식을 입에 넣고 씹는 것.

림은 다시 현실의 풍경으로 바뀌었습니다. 사람들이 움직였고 소리가 들렸습니다. 잠깐 멈췄던 세상, 혹은 그랬다고 믿었던 세상이 내 눈앞에서 다시 살아서 돌아가기 시작했습니다.

그 순간, 나는 오랑캐처럼 옷에 손을 쓱 닦고는 내가 입에 넣고 씹었던 고기가 선사한 뜻밖의 훌륭한 맛을 생각했습니다. 내내 물컹하고 비리고 심심했던 돼지고기가 왜 그 순간엔 적당히 달고 짜고 단단하기까지 해서 내 입맛에 딱 맞는 풍미를 지니는 음식으로 변했는지는, 그리하여 순식간에 고기가 사라진 입안에 침 한 바가지를 가득 고이게 했는지는 도무지 알다가도 모를 일입니다.

내가 두 번째로 경험한 만주인들의 잔치는 선양성이 보이는 강변에서 열렸습니다. 산성 문을 열고 내려와 황제에게 항복한 뒤 초반에는 전투하듯 빠르게, 나중에는 산보하듯 느리게 두 달여를 이동해 마침내 선양에 도착했던 바로 그날이지요. 그 고난의 길, 자책의 길, 한숨의 길, 후회의 길을 내내 함께했던 당신에게도 그날의 일은 생생한 기억으로 남아 있으리라 믿습니다.

그렇습니다. 그날 우리는 곧바로 선양성에 들어갈 수 없었습니다. 성문이 열리지 않은 이유는 오직 하나였습니다. 성을 통과하려면 통과 의례를 치러야 하는 법이니까요. 우리는 결국 또 한 번의 만주족풍 잔치를 경험해야 했지요.

두 번째 잔치의 전체적인 풍경은 첫 번째 잔치와 별반 다를 것이 없었습니다. 나는 말에서 내려 모래밭에 설치된 황금색 천막 앞으로 다가갔고, 자리조차 깔리지 않은 모래밭에서 그 자리에 있지도 않은 황제를 향해 세 번 무릎을 꿇고 아홉 번 머리를 조아리는 예식을 행했습니다.

나의 일거수일투족을 꼼꼼히 지켜보던 용골대*는 이마를 만지는 나를 천막 안쪽으로 데리고 들어갔습니다. 용골대는 고량주와 돼지고기를 권했고, 어느새 만주족의 일원이 된 나는 그의 권유를 당연한 것으로 받아들였습니다.

석 잔의 고량주와 여러 점의 돼지고기를 용골대와 함께 마시고 먹는 동안 밖은 꽤 시끌벅적했습니다. 첫 잔치를 겪은 나는 고개 돌려 내다보지 않고도 무슨 일이 일어나고 있는지 다 알았습니다. 모래밭 저쪽 오십 보 밖 지점에는 과녁이 설치되어 있을 것이고 적중의 열망으로 늘 몸이 달아 있는 만주인들은 온 정성을 다

용골대(龍骨大) 청나라의 장군.

해 활을 쏘고 있겠지요. 조선 군관 한둘도 저들의 요구를 거절하지 못하고 어쩔 수 없이 동참했을 것이고요.

그 떠들썩한 분위기 속에서 용골대는 조선 출신 역관을 통해 황제가 내린 명령을 전했습니다. 부인들은 가마를 타고 성에 들어올 수 없게 되어 있습니다. 빈궁은 가마에서 내려 말을 타셔야 합니다.

신분 높은 고귀한 여인이 말을 타다니, 반가도 아닌 왕가의 부인이, 그것도 장래에 한 나라의 왕이 될 세자의 부인이 마을을 가는 천한 기생처럼 다리 벌리고 말 등에 올라타다니, 조선의 지엄하고 고상한 법도로는 상상할 수도 없는 일이었습니다.

관원들의 강력한 항의가 이어졌습니다. 아예 바닥에 주저앉은 화난 얼굴의 당신을 보며 나 또한 놀라는 표정을 짓기는 했으나, 사실 나는 그러한 농성에는 회의적이었습니다.

어차피 번복될 가능성이 전혀 없는 일이었습니다. 번복 가능한 사항이었다면 노련한 용골대가 처음부터 아예 말을 꺼내지도 않았으리라는 뜻입니다. 그럼에도 항의가 좀처럼 끊이지 않자, (나는 당신을 포함한 관원들이 진심으로 번복을 원했다고 믿지는 않습니다. 물론 당신을 폄하하는 것도 아닙니다. 그 상황에서는 그저 그렇게 하는 것 말고 달리 도리가 없었던 것뿐이겠지요.) 용골대는 돼지고기

한 점을 집어 입에 넣고 그 기름진 손가락을 옷에 쓱쓱 닦은 뒤 짧고 적확한 문장 하나를 빠르게 내뱉어 좌중을 조용하게 만들었습니다. 국법이 그러합니다.

나와 빈궁은 나란히 말을 타고 선양에 입성했습니다. 빈궁은 뜻밖에도 말을 잘 탔습니다. 허리도 굽히지 않은 꼿꼿한 자세로 부축도 받지 않고 말을 탔습니다. 그러나 나는 보았습니다. 고삐를 잡은 빈궁의 손이 떨리고 있음을, 늘 단정했던 입술이 살짝 벌어져 있음을 나는 똑똑히 목격했습니다.

나는 빈궁의 손을 잡아 주고 싶었습니다. 꽉 잡기가 민망하면 손가락을 살짝 스쳐서 그 손가락 끝의 기운으로라도 다 괜찮으니 염려하지 말라는 뜻을 전하고 싶었습니다. 나는 그렇게 하지 못했습니다. 보는 눈들이 두려워 시도조차 하지 못했습니다. 결국 나는 그런 정도의 사람이었던 것입니다. 그날, 손가락조차 뻗지 못했던 그 우울한 날의 기억은 내게 또 다른 부끄러움만 진하게 남겼습니다.

놀이공원에 빠질 수 없는 볼거리가 있다면 그건 바로 퍼레이드라는 외래어 이름이 붙은 행사일 것입니다. 심지어는 퍼레이드를 보기 위해 놀이공원에 온다고 말하는 사람도 있을 정도이니까요.

나와 존이 퍼레이드 때문에 놀이공원에 왔다고 말할 수는 없겠지요. 그러나 존의 이야기를 들으며 소시지를 먹었고, 존의 이야기가 일단락된 후 명상 반 기분 전환 반, 하는 마음으로 잠깐 일어나 함께 걷다 보니 어느새 우리 앞에 퍼레이드 행렬이 다가와 있었습니다.

우리는 걸음을 멈추고 퍼레이드 행렬을 지켜보았습니다. 삼바 혹은 보사노바풍의, 작은 북들을 앞세운 요란하면서도 흥겨운 음악 소리와 함께 나타난 아름다운 이국의 여인들이 제일 먼저 눈에 띄었습니다. 비키니에 가까운 옷만 입은 여인들의 격렬한 춤에 거의 무의식적으로 시선을 빼앗긴 내게 존이 다급한 목소리로 귓속말을 했습니다. 속이 별로 좋지 않습니다.

존은 정말 급해 보였습니다. 나는 어쩔 줄 몰라 하는 존의 손을 잡고 말 그대로 사람의 물결을 헤치고 나아가 가까운 화장실로 향했습니다. 존을 들여보내고 화장실 앞에서 기다리던 나는 사람들 틈으로 언뜻언뜻 비치는 퍼레이드 행렬을 보았습니다.

몇 해 전 어느 날, 퍼레이드 행렬을 한 번 더 보겠다는 이유만으로 가족과 함께 늦은 밤까지 놀이공원에 머물렀던 기억이 새삼 떠올랐습니다.

문득 입안이 답답하게 느껴지면서 담배가 피우고 싶어졌습니다. 바지 주머니를 뒤졌지만 담배는 없었습니다. 그제야 내가 더 이상 담배를 피우지 않는다는 사실을 비로소 깨달았습니다. 혼자 남은 나는 술과 담배 같은 소소한 기쁨을 주는 기호품 따위에는 더 이상 손대지 않기로 결심을 했던 것입니다.

나는 고개를 저었습니다. 어차피 담배가 있었더라도 사정은 달라지지 않았겠지요. 깡패도 무뢰한도 아닌 소심한 시민인 내가, 아무것도 아닌 내가 사람들로 가득한 실내 놀이공원에서 담배를 꺼내 보란 듯이 입에 물 수는 없었을 테니까요.

그러는 사이에 존이 화장실을 나와 내 곁에 섰습니다. 그는 몸을 허리까지 굽히고 공손한 어투로 죄송하다고 말했습니다. 존이 토사곽란의 증상을 지니고 있음을 잘 기억하고 있는 나는 존을 일으켜 세우며 괜찮다고, 그런 사소한 일에 일일이 신경 쓰지 않아도 된다고 대꾸했습니다.

그럼에도 한 번 더 진심을 담아 사과한 존은 내게 아까 보았던 이국의 여인들은 어느 곳에서 왔느냐고 물었습니다. 퍼레이드에 대한 상념에서 아직 완벽하게 빠져나오지 못한 나는 별로 깊게 고민하지 않고 대답했습니다. 그들은 삼바나 보사노바의 고향인 남미에서 왔을 수도 있고, 겨울엔 몹시 추운 러시아에서 왔을 수도 있고, 사철 따뜻한 동남아에서 왔을 수도 있고, 그도 아니면 그저 얼굴이 조금 검거나 흰 한국인일 수도 있다고, 듣기에 따라서는 무성의하게 들릴 수도 있는 답을 내놓았습니다.

존은 눈에 띄게 우울한 얼굴로 고개를 끄덕였습니다. 곧 울 것 같은 그 얼굴을 보고서야 나는 다시 존에게 집중했습니다. 존은 조금은 울컥하는 목소리로 이렇게 말했습니다. 전에도 춤추고 노래하는 여인들을 가까이서 본 적이 있지요.

제국의 수도 선양에서는 달마다 한두 번씩 크고 작은 잔치가 열렸습니다. 그 많은 잔치들 중 내 머릿속에 유독 선명하게 각인된 잔치는 정월 초하루의 것이었습니다. 당직이었던 당신은 관소에 머무르느라 내 곁에 없었으니 아마 그 잔치는 기억에 없겠지요.

아침 일찍 일어나 목욕재계하고 예복 갖춰 입고 성황당에 들러 만주족의 조상에게 예를 표한 뒤 그들이 진정한 영웅으로 여기는 관우를 모신(황제의 아버지인 태조, 즉 우리가 누르하치라 부르는 그 사람이 가장 존경하는 장군이었다지요.) 관묘에 들러 인사를 하고 온 후에 맞은 정월 초하루의 잔치였습니다.

날이 날인 만큼 이전의 잔치들과는 조금 달랐습니다. 고량주와 돼지고기, 활쏘기 등은 건드릴 수 없는 부분이기에 전과 똑같았으나 음악과 춤, 그리고 기예 공연까지 함께 열린 것이 달랐지요.

동일한 부분에 대해서는 이미 여러 차례 언급했으니 굳이 더 부언할 필요가 없겠지만, 다른 부분에 대해서는 꼭 한 번 짚고 넘어가야만 하겠습니다. 그날 그 요란하고 화려했던 공연에는 조선 땅 어딘가에서 사로잡혀 선양까지 끌려온 조선 출신 여인들도 여럿 참여했으니까요.

당신에게 고백합니다. 곱고 화려하게 단장하고 차려입은 그 조선 여인들 때문에 나는 그날 내 눈으로 보고 내 귀로 듣고 내 입으로 소리 내어 감탄했던 음악과 춤과 기예의 내용을 하나도 제대로 기억하지 못합니다. 잔치 좋아하는 만주인들은 웃고 박수 치고, 때로는 환호성도 지르며 공연을 마음껏 즐겼습니다. 나는 유희와 예술에 무지한 백면서생*인 양 어느 순간부터는 정신이 쏙 빠져나가서 그날의 행사를 조금도 즐기지 못했습니다.

고운 분 짙게 바르고 격식에 맞춰 잘 차려입은 여인들은 고우면

백면서생(白面書生) 한갓 글만 읽고 세상일에는 전혀 경험이 없는 사람.

서도 굽지 않았습니다. 정성 들여 화장한 얼굴은 고왔으나 그 두꺼운 화장도 겉과 속에서 조금씩 흐르는 눈물을 완전히 지우지는 못했습니다. 음악에 맞추어 손과 발을 정교하게 굽히고 펴는 동작은 아름다웠으나 그 기계적인 정교함으로도 교대로 발작하듯 떨리는 왼손과 오른손을 교묘하고 완벽하게 감추지는 못했습니다.

두꺼운 화장과 동작의 정교함을 위장막으로 세운 그들의 안팎에서 흐르는 눈물과 왼쪽, 오른쪽이 번갈아 가며 제 마음대로 떨리는 손을 보며 나는 잔치에 환장한 사람처럼 고량주를 마시고 돼지고기를 먹었습니다.

맑고 독한 고량주와 부드럽고 허연 돼지고기를 만주족처럼 퍼마시고 탐닉하며 내가 무엇을 생각했는지 아십니까? 나는 그들이 울지 않고 떨지 않았던, 그러니까 흠잡을 데 없이 완전했던 공연을 떠올렸습니다. 수많은 이들을 울리고 웃겼던 공연의 대가인 그들이 손도 떨지 않고 눈물도 흘리지 않았던 그런 날이 과거 어느 시절에 분명 있기는 했습니다. 그리고 모든 것이 흐트러짐 없이 완벽했던 그 아름답고 그리운 자리엔 나와 내 아버지도 함께 있었지요.

헤아려 보면 선양에 머무르기 고작 몇 해 전의 밤, 그럼에도 그날을 되돌아보면 꼭 수십, 수백 년 전처럼 멀고 낯설게만 기억되는 밤, 사방이 고요했으나 그렇다고 아주 깊은 밤이었다고까지 말할 수는 없었던 그저 그런 삼경*의 밤, 별에 대한 기억이 전혀 없으며 비릿한 안개 냄새가 풍겼던 느낌으로 추정하자면 살짝 흐렸던 것 같기는 하나 내 모든 기억이 그렇듯 확실히 그렇다고 단언할 수 있는 것은 하나도 없었던 밤, 정묘년(1627)의 매서운 전쟁은 우여곡절 끝에 합의에 이르러 어렵사리 종지부를 찍었지만, 병자년(1636)의 참혹한 전쟁은 아직 시작되지도 않았던 그 어느 날의 밤에 아버지가 나를 불렀습니다.

환관이 바쁘게 고개 돌려 혹시 보는 이가 없는지를 살펴 가며 조심에 조심을 다해 나를 이끈 곳은 새로 수리를 마친 어수당이었습니다. (아버지는 궁궐의 위엄은 국가의 기강과 관련되니 다른 곳보다 몇 배는 중요하다고 말하면서 정묘년 전쟁 때 폐허가 되었던 어수당을 가장 먼저 손보았지요.) 어둑한 등불 아래에서 홀로 술을 마시던 아버지는 자신의 앞자리를 턱으로 가리키며 손가락을 까딱해 보였습니다.

아버지가 내 술잔을 채워 주면서 했던 첫 마디, 군주는 즐길 줄

삼경(三更) 밤 11시~새벽 1시.

도 알아야 한다는 그 말 하나만큼은 참으로 생생하게 떠오릅니다. 지금 생각해 보면 그리 대단한 말도 아니지만, 아니 이후의 일들을 생각하면 차라리 어리석다고 해야 마땅한 말이지만, 그 당시엔 그 말이 그렇게 어처구니없는 소리로만 들리지는 않았습니다.

한 번 쳐들어왔다 조약만 맺고 물러간 만주족이 국경 바로 너머에서 여전히 눈 부릅뜨고 호시탐탐 조선을 노리던 그 시절, 전쟁과 전쟁 사이의 짧은 평화가 주는 그 불길하면서도 위태로운 팽팽함이 궁궐에 머무는 이들의 신경 줄을 시도 때도 없이 자극해 여기저기서 다툼이 끊이지 않고 이어지던 그 시절, 군주는 즐길 줄도 알아야 한다는 아버지의 말이 내게는 한 나라의 군주가 위기 상황에서 마땅히 가져야 할 강한 자신감의 발현으로 비쳐졌지요. 물론 그 자신감은 공허한 꾸밈말로서의 자신감이었을 뿐이어서 아버지가 자의적으로 선택한 단어에 그 어떤 실제적인 근거도 없었다는 사실이 밝혀진 것은 고작 이 년 뒤였지만 말입니다.

아버지는 그 야밤의 은밀한 술자리에서 정묘년 전쟁 이야기를 꺼냈습니다. 어려운 분조* 활동을 잘해 주었다며 아버지로서는 드물게 나를 대놓고 칭찬한 것입니다. 돌이켜 보면 그건 나를 신뢰해서 그런 것은 아니었지요. 그보다는 그저 아버지와 자식 사이에 있을 법한 의례적인, 아니 허례라 불러야 할 공허한 칭찬에 가까웠지요.

예나 지금이나 참 어리석었던 나는 그 공치사에도 제법 뿌듯했습니다. 당신도 잘 알겠지만 아버지의 독려만큼 어리석은 자식을 기쁘게 만드는 일은 없는 법이니까요. 그것도 아버지와 나, 단둘만이 있는 자리에서의 칭찬이었으니 가뜩이나 어리석고 모자란 내게 독대가 주는 뿌듯한 긴장, 그리고 이어진 달콤한 칭찬과 독려의 말은 아버지의 사랑을 증명할 수 있는 금강석 같은 확고부동한 증거처럼 느껴졌지요.

흥분한 나머지 나도 모르게 주먹에 잔뜩 힘을 주게 되었던 그 순간, 아버지에 대한 간절한 사랑을 내 입으로 고백하기 직전의 어색하면서도 떨리는 그 순간, 건너편 연못이 밝아졌습니다.

정확히 말하자면 어수당에서부터 연못까지 무대를 밝히듯 차례로 등불이 켜졌지요. 연못엔 작은 배가 한 척 있었습니다. 단청으로 아름답게 칠한 화선*이었지요. 말로만 듣던 화선을 내 눈으로 처음 본 순간이기도 했습니다.

분조(分朝) 조정을 나누는 것.
화선(畫船) 궁중 잔치 때 춤에 쓰이는 배.

묵직한 거문고 소리가 연못 바닥 깊은 곳에서부터 올라오는가 싶더니 이내 여인네의 노래가 뒤를 따랐습니다. 소리의 근원은 바로 배였습니다. 여인네의 목소리는 뜻밖에도 굵고 깊어서 무거운 거문고 소리와 참으로 잘 어울렸습니다.

거문고와 노래가 어우러져서 만들어 내는 느리고 진중한 흥에 취한 내 귀에 이번에는 가까운 곳에서 박을 치는 소리가 들렸습니다. 어수당 앞마당에서 들리는 소리였지요. 곧이어 둥둥, 요란하지 않으면서도 듣다 보면 귀에 쏙쏙 박히는 은은한 북소리와 함께 갑자기 앞마당이 불꽃놀이 하듯 환히 밝아졌습니다.

그 불 속에서 전립 쓰고 칼을 든 네 명의 여인, 머리부터 발끝까지 제대로 차려입은 여인들이 나타났습니다. 그건 말로만 듣던, 검무를 추는 여인들이었습니다. 등솔기가 허리부터 트인 오색의 화려한 전복*을 입은 북방의 여인들이 손잡이를 붉은 비단으로 장식한 날카로운 칼을 들고 매서운 춤을 추었습니다.

춤이라 호칭하기는 했지만 사실 내가 본 건 춤이 아니었습니다. 화려하게 치장한 네 여인은 그들끼리 목숨을 건 전쟁을 치렀습니

전복(戰服) 무관들이 입던 옷. 깃, 소매, 섶이 없고 등솔기가 허리에서부터 끝까지 트여 있다.

다. 때로는 넷이서 둥글게 맞서기도 하고, 둘씩 마주 보며 칼을 휘두르기도 하고, 세 명이 한 명을 공격하기도 했습니다. 세 명이 서서 무릎 꿇은 여인의 정수리를 향해 칼끝을 겨누는데, 공격당하는 여인은 바쁘게 팔을 움직여 가며 그저 칼 한 자루만으로 다 버텨내는 믿기 어려운 장면도 있었습니다.

점점 빨라지는 북소리에 어울리는 급박한 동작들은 하도 아슬아슬해서 나도 모르게 몸을 움찔움찔할 정도였습니다. 숨 가쁘게 이어지던 공연은 죽을 기세로 싸우던 네 여인이 칼을 거두고 한 줄로 서서 진양조장단에 맞춘 평화의 노래를 부르는 것을 마지막으로 끝이 났습니다. 공연의 종료를 알리는 박이 느리게 세 번 울렸습니다.

나는 꼭 어지러우면서도 아름다웠던 꿈을 꾸다 그만 중간에서 깨어난 기분이 들었지요. 현실과 비현실의 중간 어딘가를 헤매다 갑자기 덜미를 잡혀 낯선 장소로 끌려나온 느낌에 강하게 사로잡혔지요. 그 뒤로 아버지와 나누었던 여러 잔의 술과 허다한 말들을 당신에게 그대로 옮기지는 않겠습니다.

마신 술과 내뱉은 말로 기분이 좋아진 아버지는 술병을 들고 배에 올랐고 나도 그 뒤를 따랐습니다. 장인의 거문고와 여인의 노래를 들으며 어떻게 뱃놀이를 즐겼는지는 당신에게 자세히 말하지는 않겠습니다.

아버지 말대로 그날의 행사는 오로지 군주의 여흥을 위한 것이었으니까요. 배에 탄 이후의 일은 아무리 당신이라도 알 필요가 전혀 없는, 지엄한 왕실의 지극히 내밀한 환락이었으니까요.

어느덧 퍼레이드는 끝났습니다. 목이 마르기도 하고 자리에 앉고 싶기도 했던 나는 존과 함께 가까운 커피 체인점으로 들어갔습니다. 나는 차가운 커피를, 존은 뜨거운 커피를 주문했습니다. 우리는 구석진 자리에 앉아 각자 앞에 놓인 차갑고 뜨거운 커피를 마시며 아무 말 없이 바깥 풍경만 응시했습니다.

나는 오가는 이들을 별 뜻 없이 바라보며 존의 이야기를 머리에 떠올렸습니다. 존이 기묘한 자부심을 가지고 들려준(내가 듣기엔 그랬습니다. 존은 줄곧 어리석다는 말을 썼지만 말입니다.) 어수당에서의 일화는 사실 그리 특별한 것은 아니었습니다. 오히려 통치자라는 이들이 지닌 상상력의 빈곤함만을 보여 주는 이야기였지요. 무슨 말인가 하면 숫자만 바꾸면서 이어진 현대의 공화국 체제에서도 그런 일은 빈번히 일어났으니까요. 심지어는 밀실에서 공연을 보다가 그대로 죽은 권력자도 있었으니까요.

나는 그들과는 정반대 지점에 자리했던 한 남자도 모처럼 떠올려 보았습니다. 그 남자의 이름은 이원익이었지요. 정승까지 지냈으면서도 비바람이 들이닥치는 초가에 거처했으며 다 떨어진 베옷에도 고마워하고 거친 밥에도 불평하지 않고 살았다던 전설의 인물 이원익, 한때 존의 스승이기도 했던(존이 내가 생각하는 그 사람이라는 전제하에 말이지요.) 오리 이원익 말입니다.

맥락 없는 허황한 생각이었습니다. 존은 왕실의 내밀한 일을 고백했는데, 나는 비현실적으로 살았던 정승 생각에 빠져 있었으니 말입니다. 아니, 꼭 그렇게 말할 수만은 없겠습니다. 어떤 면에서는 무척이나 올바르고 정확한 떠올림이기도 했습니다.

쿠데타로 정권을 잡은 존의 아버지는 쿠데타에 참여하지도 않았던 이원익을 영의정으로 삼았습니다. 정적이라 할 남인 출신 관료인 데다가 자신이 몰아낸 광해군 시절에 영의정을 지낸 이원익을 다시 불러들인 것입니다.

그 의도는 명확합니다. 백성에게 신망이 높은 이원익을 앞세워 모든 게 다 '국익' 때문이었다고 주장함으로써 무력으로 얻은 새 정권의 정당성을 홍보하고 자신의 구린 구석을 감추려는 것이었지요.

여러 임금을 겪은 노련한 이원익이 그 사실을 몰랐을 리가 없었습니다. 그럼에도 그는 아무것도 모르는 이처럼 존의 아버지의 부름을 받아들였습니다. 그 이유는 오직 하나였습니다. 그가 보기에 조선은 바람 앞의 등불 신세였기 때문입니다. 생각도 없이 벌인 일을 누군가는 수습을 해야 했지요.

그러나 이원익은 신이 아니었습니다. 몸집도 유난히 작았다는 이원익 홀로 나라를 정비하고 저 북쪽에서 불어오는 거센 바람까지 막을 수는 없었습니다. 혼란이 이어지다가 전쟁이 일어났고, 백성은 늘 그렇듯 삶의 터전을 잃고 이리저리 쫓겨 다녔습니다.

이원익은 정묘년의 불행을 목격한 후에야 눈을 감았습니다. 존이 이원익에게서 더 많은 가르침을 받았다면 참 좋았을 것입니다. 그러나 정신과 신체가 성장하는 중이었던 존에게는 몹시 중요했던 그 시기에 이원익은 이미 죽음을 앞둔 늙고 지친 정승이었습니다.

그렇다고 내가 존의 아버지를 일방적으로 폄하하는 것은 아닙니다. 존의 아버지도 노력이라는 것을 하기는 했습니다. 가뭄이 조선을 뒤덮었던 어느 시절, 존의 아버지는 불쌍한 백성이 굶는 모습을 생각하니 나도 모르게 목이 멘다는 감동적인 언설을 내뱉기도 했지요. 부릅뜬 눈으로 신하들을 보면서 백성을 구제하기 위해 온갖 계책을 다 동원하라는 진심 어린 말을 실록에 남기기도 했고요. 그럼에도 달라진 것은 아무것도 없었습니다.

충직한 신하들이 임금의 매서운 말에 꿈쩍도 하지 않은 이유는 쉽게 짐작할 수 있습니다. 존의 아버지는 소문난 거부였으나 자신의 재산은 단 한 푼도 내놓지 않았습니다. 가치를 헤아리기도 어려울 만큼 많았던 자신의 재산은 뒤로 감춘 채 그저 나랏돈을 써서 백성을 구제하라는 말만 반복해서 했을 뿐입니다. 전쟁 뒤끝이라 국가의 재정이라 부를 만한 것이 딱히 존재하지도 않았던 그 어려운 시기에 말이지요.

다시 말하지만 존의 아버지가 특별히 포악한 임금이었다고 주장하려는 것은 결코 아닙니다. 존의 아버지는 평균이었습니다. 조선의 임금과 대한민국의 대통령들 중에 존의 아버지를 비난할 자격을 갖춘 이가 도대체 몇 명이나 되겠습니까?

하긴, 임금과 대통령들만 비난할 일도 아니지요. 조선의 관원들과 공화국 체제의 공무원들 또한 마찬가지이니까요. 무슨 일이 생기면 허둥거리기나 하면서(혹은 그러는 체하면서) 자신의 안위만 챙길 뿐, 다른 이들의 삶과 죽음에는 아무런 관심도 없으니까요.

경전에 등장하는 더불어 살아야 한다는 정언 명령은 화장실의 두루마리 휴지 조각보다도 못한 쓰레기 같은 말이니까요.

그러고 보면 이원익을 떠올린 내가 가장 큰 잘못입니다. 이원익 같은 사람은 우리 역사에서 잘못 튀어나온, 그저 뭘 모르고 살았던 예외적인 인물에 지나지 않으니까요.

내가 아직 글을 쓰던 시절, 이원익을 주인공으로 한 소설을 쓰려다 포기한 이유도 그래서였습니다. 그는 이 나라 역사에 어울리지 않는 비현실적인 인물이었습니다. 과거에도 그랬지만 공화국의 엄정한 체제가 기계적으로 작동하는 지금은 디즈니 판타지에나 나올 법한 황당무계한 인물로 전락했습니다.

나는 존의 시선을 느꼈습니다. 존은 이야기가 아직 남았는데 계속해도 괜찮겠느냐고 정중하게 물었습니다. 내가 고개를 끄덕이자 존은 커피 한 모금을 마신 후 다시 이야기를 이어 갔습니다.

생각하면 할수록 나는 아버지와 참 많이 닮은 아들이었습니다. 볼모가 되어 이국에 머무는 한심한 신세가 되었으면서도 실패한 아버지에게서 배운 나쁜 것들을 끝내 완전히 버리지는 못했으니까요. 우리가 선양에서 맞은 첫 번째 중양절*을 당신은 지금도 똑

똑히 기억하고 있겠지요?

선양에 온 후 절제하고 반성하며 살려고 노력했던 나는 고향이 유난히 그리워지는 그 명절날만큼은 아버지 흉내를 제대로 냈습니다. 볼모 생활에 지친 세자 티를 팍팍 내며 관원들에게 술과 음식을 베풀었습니다. 그때 나는 검은 비탄을 비단인 양 온몸에 두른 후 두 손으로 앞자락을 흔들어 가며 이렇게 떠들어 댔지요.

이역에 갇혀 조와 겨와 비린 것으로 주린 배를 채우니 참으로 탄식이 나오는구나. 서늘한 가을 달빛을 그냥 보낼 수 있겠는가? 자, 고국에서 보내온 술과 음식으로 울적한 심회를 마음껏 풀어 보자꾸나.

이왕 잔치를 벌일 바에는 제대로 열어야 합니다. 마음 같아서는 멋들어지게 치장한 여인들도 불러 노래하고 춤추게 하고 싶었습니다. 그날 어수당에서 아버지가 그랬던 것처럼 말이지요. 군주도 즐겨야 한다고 강변하던 내 아버지처럼 말이지요.

중양절(重陽節) 음력 9월 9일, 세시 명절의 하나.

그러나 나는 그렇게 하지 못했습니다. 아버지와 꼭 닮았으면서도 정식 군주는 아니었으니까요. 고국의 궁궐을 떠나 이국의 관소에 볼모로 잡혀 있던 나는 차마 그렇게까지 막돼먹은 행동을 명절이라는 이유만으로 감행할 수는 없었습니다.

조선에서 끌려온 여인들이 놀기 좋아하는 만주인들을 위해 노래하고 춤을 추며 받는 돈으로 간신히 버티며 살아간다는 이야기를 잘 알고 있는 판에, 차마 관원들을 위로한다는 명목으로 그들을 불러 바닥에 돈을 던져 주며 신나게 노래하고 춤추라 명령할 수는 없었습니다.

내가 있는 곳은 서울의 궁궐이 아니라 선양의 관소이니, 게다가 나는 군주도 아닌 볼모 신세의 세자이니 아무리 내 방식의 화려한 잔치를 선보이고 싶은 열망에 가득 찬 날이었어도 차마 그렇게까지 할 수는 없었습니다.

하지만 그날 나는 아무래도 정신이 좀 나간 상태였나 봅니다. 나는 조선에서 보내온 소주를 관원들의 잔에 넘치도록 따르며 이렇게 외쳤지요.

오늘은 반드시 나를 위해 잔을 들어라.

결국 나는 그 정도 수준의 인간이었던 것입니다. 아무리 부인하려 애를 써도 나는 내 아버지의 모든 것을 쏙 닮은, 과거의 실수를 통해서 아무것도 배우지 못한, 그럼에도 여전히 자신이 군주의 역할을 수행할 만한 자격이 있다고 믿는, 그 사람의 진짜 아들이었던 것이지요.

당신은 내가 삼전도에서 있었던 그 특별한 잔치에 대해 아직 다 말하지 않았다는 사실을 잘 알고 있겠지요. 그렇습니다. 활쏘기가 끝났다고 잔치 또한 끝난 것은 아니지요. 잘 차려진 식사 뒤에 후식이 있듯 잘 구성된 잔치 뒤에도 남은 행사가 있었지요.

기왕 이야기가 강물처럼 흐르고 흘러 여기까지 이르렀으니 삼전도에서 있었던 잔치의 황당하고 씁쓸하나, 지금 생각해 보면 오히려 당연하고 유일한 귀결처럼 느껴지는 그 후일담을 내 입으로 말하지 않을 도리는 없습니다. 아니 꼭 말해야 합니다. 실은 그 후일담이 삼배구고두 예식보다도 활쏘기보다도 더 중요한 사건일 수 있으니까요.

황제와의 대면을 마친 아버지와 나는 만주 전통 방식의 활쏘기까지 실컷 구경한 후에야 비로소 단에서 내려가도 좋다는 허락을 받았습니다. 기분이 좋아진 황제는 우리에게 값비싼 담비 가죽옷을 선물했지요. 황제 대신 가죽옷을 전한 용골대는 조선 출신 역관을 통해 이는 의례에 불과하니 감사 표시만 하면 된다는 것, 그러니 굳이 이 자리에서 바로 입고 절할 필요까지는 없다고 말함으로써 우리에 대한 자신의 배려를 세심하게 전달했습니다.

그런데 신하들이 작은 소리로 구시렁거리는 소리도 놓치지 않는 것으로 유명한 아버지는 그가 들었던 말을 전혀 이해하지 못한 사람처럼 가죽옷을 받자마자 그대로 걸쳤지요. 어찌나 서둘러 걸쳤는지 아무것도 모르는 이방인이 보았다면 마치 옷 빨리 입기 대회라도 열리는 줄 알았을 터였습니다.

담비 가죽옷을 걸친 아버지는 사실대로 말하면 꼭 개가죽을 걸친 오랑캐 추장처럼 보였습니다. 모르긴 몰라도 아버지를 따라 담비 가죽옷을 입은 내 모습 또한 그에겐 꼭 똥개 가죽을 걸친 오랑캐 아들처럼 보였겠지요.

떠들썩한 잔치를 마친 황제는 가죽옷 빨리 걸치기 관람 행사를 마지막으로 여러 친왕들과 함께 삼전도를 떠났습니다. 가죽옷을 입은, 그래서 오랑캐 부자를 닮은 아버지와 나는 진흙 바닥에 계속 머물렀습니다. 황제는 떠났으나 가도 좋다는 명령은 아직 도달하지 않았기 때문입니다.

황제의 허락이 떨어진 건 해가 다 떨어질 무렵이었지요. 황제의 은혜에 힘입어 드디어 진흙 감옥에서 탈출한 아버지는 지는 해를 보며 한숨만 깊게 내쉬었을 뿐 아무 말도 하지 않았습니다.

이제 아버지와 헤어져야 할 시각이었습니다. 조선에 남기로 되어 있는 아버지는 궁궐로 가야 했고, 선양으로 가기로 되어 있는 나는 그대로 삼전도에 머물러야 했기 때문입니다. 어두운 얼굴의 아버지는 나의 손을 꼭 잡았다 놓은 후 대패한 패장처럼 쓸쓸한 걸음으로 나루를 향해 갔습니다.

아버지를 배웅하기 위해 몇 걸음 뒤를 따라가던 나는 나루에 이르러 끔찍한 지옥을 목격했습니다. 생각지도 못한 패악의 현장을 의외의 장소에서 목격한 것입니다. 아버지가 환관의 도움을 받아 낡고 작은 배에 오르자 수행하던 이들이 자신들도 올라타기 위해 한꺼번에 몰려들었습니다.

이미 전쟁은 끝났습니다. 항복식도 모두 끝났고 만족한 황제 또한 친왕들과 함께 자신들의 숙소로 돌아간 뒤였습니다. 배에 조금 늦게 탄다고 해서 생명의 위협을 받을 만한 일이 벌어질 가능성은 거의 없는 상황이라는 뜻입니다.

그럼에도 그들은 늦게 타면 곧 죽을 사람들처럼 두 눈 부릅뜨고 손을 쭉 뻗으며 한꺼번에 달려들었습니다. 살겠다는 원초적인 욕망 앞에서 지위와 예절 따위는 찾아볼 수 없었습니다. 심지어 어떤 이는 아버지 옷을 잡고 늘어지기도 했습니다.

유학에 정통한 아버지와 관리들 사이에 벌어진 원초적이고 저급한 수준의 혼란을 다스린 것은 만주족 장수 용골대였습니다. 당신을 통해 나루터의 혼란을 전해 들은 용골대가 서둘러 군사들을 이끌고 오지 않았더라면 아버지는 강물에 빠졌을 수도 있었을 것입니다. 용골대가 나타나자 상황은 곧바로 정리되었습니다. 무력 앞에서 그들은 순한 양일 뿐이었습니다.

이것이 바로 잔치가 다 끝난 후 벌어진 일의 실상이었지요. 나루엔 지켜보는 백성도 참 많았다는 사실도 꼭 밝혀야겠습니다. 공부깨나 한 이가 그중에 있었다면 이렇게 외쳤을지도 모르겠습니다. 군주는 배이고 백성은 물이로다.

그러나 현실의 그들은 배를 뒤집을 힘도 없었습니다. 역사가 휘두른 창과 칼을 피하느라 잔뜩 지친 그들은 그저 자신들의 한심한 임금과 신하들이 즐기라고 던져 준 한 편의 희극을 웃지도 않고 지친 얼굴로 말없이 바라만 보고 있을 뿐이었습니다.

당신에게 묻고 싶습니다. 그 가슴 아픈 풍경을 속수무책으로 바라보기만 하면서 내가 엉뚱하게도 어수당에서의 아름다웠던 뱃놀이를 떠올렸다면 지나친 불효인 걸까요? 거의 움직이지도 않는 조용한 배 안에서 가슴을 바닥부터 뒤흔드는 음악을 들으며 꿈같은 시간을 보냈던, 그 드물게 좋았던 뱃놀이를 그 어처구니없었던 투쟁의 현장에서 떠올렸다면 나는 한 나라의 세자가 될 자격이 없는 걸까요?

그 아름다우며 꿈같고 드물게 좋았던 뱃놀이가 결국 파국에 가까운, 산 사람을 끌어내려 애를 쓰는 새로운 유형의 뱃놀이를 유발했다면 그건 잘못된 생각일까요? 그러니 아귀다툼 같던, 지옥도 같던 새로운 뱃놀이는 결국 아버지가 만든 것과 다름없다고 대뜸 결론을 내린다면 나는 제대로 된 인간이 아닌 걸까요? 결국 전쟁을 일으키고 패한 것도 다 아버지라고 믿는 것은, 그리고 나도 거기에 일조했다고 자책하는 것은 심각한 오판인 걸까요?

나는 잘 모르겠습니다. 그러니 늘 똑똑했던 당신에게 전에도 여러 번 물었을 게 분명한 질문을 지치지도 않고 또다시 던지는 것이겠지요. 지금 당신이라면 도대체 내게 뭐라 답하겠습니까? 당신이 뭐라 답하건 내 머릿속에는 이미 분명한 답이 하나 떠오르기는 합니다.

아, 나는 정말로 잔치를 사랑하는 아이였지요.

여름의 길고 긴 낮도 이미 저물었습니다. 밖이 어두워질수록 실내 놀이공원은 더욱 밝아졌습니다. 낮 동안엔 조금 어둑한 느낌도 있었으나 밤이 되자 실내는 북구의 여름밤처럼 아름답게 환해졌습니다.

내 눈에 바이킹이 들어왔습니다. 나는 존에게 바이킹을 함께 타자고 말했습니다. 하늘을 향해 나는 커다란 배 바이킹, 곧 추락할 듯 위태로워도 결코 추락하는 법이 없는 신기한 배 바이킹을 함께 타 보자고 권유했습니다.

존은 잠깐 생각한 후 자신의 배를 만지더니 곧바로 죄송하다고 말하며 고개를 저었습니다. 나도 함께 타니 무서워하지 않아도 된다고 설득했지만 소용없었습니다. 존은 내가 말하면 말할수록 도리어 뒤로 한두 걸음씩 물러섰을 뿐이었지요.

결국 나는 혼자 바이킹에 탔습니다. 일부러 맨 끝자리를 골라 앉았습니다. 이왕 타는 것, 제대로 타 보자는 마음이 들었기 때문입니다. 끼이익 소리와 함께 배가 움직였습니다. 숨이 막히도록 무서웠습니다. 나는 단 한 번도 바이킹을 타 본 적이 없었습니다. 내 가족이 타는 것을 손 흔들며 지켜보았을 뿐이었지요.

곧 추락할 것 같은 공포가 엄습해 왔습니다. 하지만 나는 눈을 감지 않았습니다. 손이 덜덜 떨렸지만 일부러 눈을 크게 뜨고 버텼습니다. 소리를 지르고 싶었지만 입술을 감쳐물고 버텼습니다. 더 이상 두려워할 게 도대체 뭐가 있느냐고 속으로 외쳤습니다. 효과가 있었습니다. 죽어도 된다고 생각하니 무섬증이 자취를 감췄습니다.

나는 조금씩 바이킹에 익숙해졌습니다. 아예 안전대에서 손을 놓고 바이킹의 흐름에 내 몸을 맡겼습니다. 높이 오르고 깊이 추락하는 바이킹의 절묘한 음양의 흐름에 내 몸을 의탁했습니다. 바이킹이 정점을 찍은 순간, 그 자리에 그대로 멈춰 선 순간 나는 똑똑히 보았습니다. 삼전도에 늘어선 황금색 천막들, 그리고 그 천막들 너머로 우뚝 선 오 미터 높이의 삼전도비, 혹은 청태종공덕비가 태양처럼 오로라처럼 빛나 주변을 환히 밝히는 것을 보았습니다.

나는 존의 아버지가 배에 오르는 것도 보았습니다. 그의 신하들이 레슬링하듯 격투기하듯 다투며 서로 먼저 배에 오르려는 장면도 보았습니다. 용골대가 멀리서 보이는가 싶더니 갑자기 장면이 바뀌었습니다.

나는 화살이 하늘을 까맣게 덮은 바다를 보았습니다. 그 바다엔 작은 나룻배들이 가득했습니다. 나룻배들은 화살을 이길 수 없었습니다. 하늘의 화살이 줄어드는 속도에 비례해 나룻배의 숫자 또한 줄어들었고, 하늘을 나는 화살이 더 이상 보이지 않게 되자 나룻배도 다 사라졌습니다. 사람들은 잠깐 바다에 떠 있다가 곧 사라졌습니다. 사람들이 바다에 있었다는 사실을 알려 주는 건 머릿수건들뿐이었습니다.

아, 하마터면 나는 소리를 지를 뻔했습니다. 그 바다엔 내 가족도 있었습니다. 나는 그들을 아주 잠깐 알아보았습니다. 나는 손으로 입을 막았습니다. 그 순간 바이킹이 다시 움직였고, 사람들의 환호성 또한 똑똑히 들렸습니다.

아, 내가 본 것이 현실일 리는 없었습니다. 나는 그저 실내 놀이공원에서 바이킹을 타고 있는 것뿐이었으니까요. 밖은 보이지도 않는, 세상의 비통한 삶과 단절된 안락한 실내 놀이공원에서 추락할 리 없는 놀잇배를 즐기고 있는 것뿐이었으니까요.

마침내 바이킹이 멈추었습니다. 나는 거의 뛰다시피 빠져나와서 곧장 화장실로 향했습니다. 다시 나오니 존이 내 낡은 배낭을 들고 화장실 앞에 서 있었습니다. 그가 건네는 배낭을 돌려받은 나는 내 가족의 체취가 남은 노란 손수건을 꺼내 얼굴에 남은 물기를 닦았습니다.

조용히 나를 지켜보던 존은 내가 손수건을 한참 어루만지다가 다시 배낭에 넣는 것을 보고는 이렇게 말했습니다. 황제의 말이 떠오릅니다. 내게 오면 너희를 온전케 하리라, 오지 않으면 몰살시킬 것이다, 하는. 산성에서 버티고 또 버티던 우리를 극심한 두려움에 빠뜨렸던 황제의 그 말은 비문에도 새겨져 있어 지금도 읽을 수 있지요.

그 말에 나는 그저 빙긋 웃었습니다. 나는 아주 잠깐 고민하다가 결정을 내렸습니다. 바이킹을 타는 동안 내가 보았던 것에 대해 존에게 말하지 않기로 한 것입니다. 혹시 내가 본 게 궁금하다면 존이 직접 바이킹을 타면 될 일입니다.

어쩌면 그건 옳은 해결책이 아닌지도 모르겠습니다. 설령 존이 두려움을 이겨 내고 바이킹에 타더라도 내가 본 것을 그 또한 그대로 보리라고 확신할 수는 없습니다. 나는 나이고 존은 존이니까요. 나에겐 나의 작은 배가 있고, 존에겐 그의 작은 배가 있으니까요. 우리는 결국 각자의 방식대로 언제 가라앉을지도 모르는 작고 초라한 배 한 척에 의지해 세상을 항해하고 있는 것이니까요.

산성에서 깨달은 공부 1

산길을 간다
말없이
홀로
산길을 간다

폭염 경보가 발령된 신시의 산성엔 인적이 드물었고, 바람은 한 점도 불지 않았습니다. 산성을 찾기는 이번이 처음이었습니다. 남문으로 들어가서 북문을 보고 내려오다가 새로 지은 행궁* 을 잠깐 둘러보는 것으로 짧은 산성 관광을 마쳤습니다.

그대로 돌아가기는 조금 아쉬웠습니다. 나는 고개를 두리번거리며 거리를 살피다가 산성을 흉내 낸 조잡한 간판을 단 식당으로

행궁(行宮) 임금이 나들이 때에 머물던 별궁.

들어갔습니다. 주인은 산성을 본뜬 메뉴판을 건네며 닭죽을 권했습니다. 그러나 나는 닭을 별로 좋아하지 않았고, 닭죽을 혼자 먹는 건 꽤 우스운 일처럼 여겨졌기에 메뉴판 제일 마지막에 손글씨로 적힌 산성 백반 정식을 주문했습니다.

음식은 주문을 마친 내가 살짝 언 물수건으로 손을 다 닦기도 전에 나왔습니다. 감자볶음, 멸치볶음, 삶은 메추리알, 마늘장아찌 등의 밑반찬에 된장찌개, 콩나물국, 그리고 흰 쌀밥과 꽁치 한 마리가 더해진 지극히 대중적인 식단이었습니다.

주문한 후 음식이 나오기까지 걸린 시간으로 유추해 볼 때 조리했다기보다는 데웠다는 표현이 더 어울리는, 그러므로 그 자체로 지극히 유원지 내지 관광지다운 식단이었습니다. '산성'이라는 이름에서 혹시, 하고 기대했던 약간의 독특한 색깔 같은 것은 아예 존재하지도 않았지요.

무의식적으로 숟가락을 들었다가 곧바로 다시 놓았습니다. 내 의지로 식당에 들어와 음식을 시켰지만, 나온 음식을 보고서야 식욕이 전혀 없다는 사실을 깨달았던 것입니다. 그렇다고 그냥 일어나서 돈만 지불하고 나올 수는 없는 일이었습니다. 메뉴에 과감하게 산성이라는 이름을 붙인 주인의 알량한 자존심을 조금이라도 생각한다면 먹는 시늉이라도 하는 게 예의였습니다.

진퇴양난의 난처한 입장에 처한 나를 구해 준 건 존이었습니다. 여전히 흰색과 검은색의 하급 행정직 공무원 차림을 한 존은, 한눈에 보기에도 전보다 더 추레하고 야위어 얼핏 보면 노숙자와 구분하기가 쉽지 않은 존은 식당 앞을 지나가다 나와 눈이 마주쳤습니다. 존은 흥분한 기색도 없이 천천히 안으로 걸어 들어와 내게 허리를 굽혀 정중하게 인사를 건넸습니다.

나로 말할 것 같으면, 반가웠습니다. 무척 반가웠습니다. 늘 보고 싶었던 오랜 친구를 몇 번의 엇갈리는 약속 끝에 마침내 만난 기분이었습니다. 하지만 내성적인 나는 그저 자리에서 일어나서 빙긋 웃은 후 손을 뻗어 내 앞의 빈자리를 가리켰을 뿐입니다.

묻고 싶은 말도 많았고 하고 싶은 말도 많았습니다. 하지만 그저 존에게 숟가락과 젓가락을 새로 챙겨 주면서 함께 먹자고만 말했습니다. 고맙습니다, 라고 말하는 존의 목울대가 살짝 떨렸습니다. 예의 바른 그가 음식을 바라보며 노골적으로 군침까지 삼키는 것으로 볼 때 점심을 제대로 먹지 못한 것이 분명했습니다. 아니, 행색으로 보아 아침을 제대로 먹었는지도 의문이었지요.

그럼에도 존은 배고픈 이들이 흔히 그렇듯 곧장 아귀로 변하지는 않았습니다. 음식을 먹기 전에 주머니에서 초코파이부터 꺼냈던 것입니다. 초코파이의 힘은 컸습니다. 사소하나 언젠가부터는 보기 드물어진 인간적인 호의, 네 이웃을 네 몸과 같이 사랑하라는 사장된 것이나 다름없는 경전의 문구를 홀로 실천하는 진정한 학습자의 정신에 갑자기 울컥하는 느낌이 들었습니다. 나는 초코파이를 손에 쥔 채 고개를 돌려 주인을 부른 후 공깃밥을 하나 더 추가해 달라고 했습니다.

식당에서의 우연한 만남을 통해 나는 존이 생선을, 그가 애호한다고 고백했던 돼지고기만큼이나 좋아한다는 사실을 새로 알게 되었습니다. 존은 흰 쌀밥과 꽁치만 먹었습니다. 처음에는 조심스럽게, 내가 꽁치 접시를 그의 앞쪽으로 슬쩍 밀어 준 후에는 쉬지 않고 부지런히 먹었습니다. 안 그래도 나올 때부터 살점이 별로 없었던 마른 꽁치는 젓가락질 몇 번에 뼈만 남았습니다.

나는 주인을 불러 메뉴판을 달라고 한 후 고등어구이와 삼치구이를 더 주문했습니다. 주문한 생선이 나오자 존은 입을 살짝 벌린 채 내 얼굴을 보았습니다. 내가 손바닥을 내밀어 권유의 의사를 표하며 빙긋 웃어 보이자 고맙습니다, 말하고는 생선에 달려들었습니다.

음식을 잘 먹는 이를 보는 것은 언제나 기분 좋은 일입니다. 나는 존을 보며 생선구이와 회를 유난히 좋아했던 내 가족을 떠올렸습니다. 내 가족과 함께 제주도로 여행 가서 먹었던 갈치구이와 우럭 회 접시를 떠올렸습니다. 구운 갈치의 엄청난 두께, 살점은 다 사라지고 뼈만 남았음에도 여전히 살아 있는 우럭 대가리를 보며 감탄의 소리를 질렀던 내 가족을 떠올렸습니다. 그것들의 맛은 기억에 없습니다.

짧은 회상에 빠진 사이, 존은 식사를 끝마쳤습니다. 존은 그제야 내가 음식에 손도 대지 않았다는 사실을 깨달은 모양입니다. 실수로 국가 기밀을 누설하기라도 한 듯한 그의 근심 가득한 표정에 나는 제안을 하나 했습니다. 후식용으로 남겨 놓은 초코파이는 내가 전부 다 먹겠다는 것이었지요. 존은 흔쾌히 동의했습니다.

식사를 마치고 밖으로 나온 우리는 카페로 들어가 커피를 마셨습니다. 내가 원한 곳은 행궁 건너편에 있는 외국계 카페였지만 존이 그로서는 드물게 고개를 크게 저었습니다. 그래서 우리는 버스 정류장에서 조금 더 걸어 내려온 후 그 근방에서 제일 먼저 눈에 띄는 카페에 들어가 함께 커피를 마셨습니다.

행궁 대신 오가는 버스만 보이는 그 평범한 카페에서 나는 아이스커피를, 존은 뜨거운 다방 커피를 마셨습니다. 다방 커피를 마시며 존은 내게 이렇게 말했습니다. 오늘 먹었던 생선은 참 맛이 있었습니다. 물론 아지만큼은 아니었지만 말이지요. 존은 내 눈을 살짝 바라봄으로써 자신의 말에 대한 동의를 원했습니다. 나는 그럴 수 없었습니다. 아지라는 생선의 이름은 아귀 같은 도시에 살면서 단 한 번도 들어 본 적이 없었기 때문입니다. 그러나 존은 이내 수긍하듯 고개를 끄덕였습니다. 그는 생선 대접을 한 내게 보답이라도 하듯 특유의 정중한 목소리로 이야기를 시작했습니다.

만주족이 훈허에서 통나무배를 타고 고기를 잡은 뒤 고량주와 돼지고기로 뜨듯하고 배부르게 즐겼던 그 시끌벅적했던 날의 잔치가 파할 무렵, 황제는 나에게 귀한 선물까지 하사하는 아량을 베풀었습니다.

그 선물은 꽤 의미심장했지요. 황제는 잡았으되 나는 잡지 못했던 것, 황제는 많이 갖고 있으나 나는 하나도 갖고 있지 못한 것, 즉 물고기였기 때문입니다. 황제는 물고기를 실어 놓은 수레를 가리키면서 만주어로 무언가를 말했습니다.

나는 또다시 내게 의미를 물을까 두려워 손가락을 살짝 떨었습니다. 다행히 황제는 통역을 허락했습니다.

'아지'가 잡혔다면 더할 나위 없이 좋았으리라.

오늘 내가 잡은 물고기로도 너희의 한 끼 식사는 충분하리라.

그리 특별한 것도 없는 황제의 과시적인, 아니 그래서 더 일상적인 그 말은 이야기를 듣는 내 마음 어딘가를 툭, 하고 건드려 나를 요동치게 만들었습니다. 나는 성서에 등장하는 예수의 일화를 떠올렸습니다. 떡 혹은 빵 다섯 개와 생선 두 마리로 오천 명 이상의 사람들을 배부르게 먹였다는 그 유명한 오병이어(五餠二魚)의 일화를 제일 먼저 떠올렸고, 바로 뒤에 이어진 또 다른 일화를 그 다음으로 떠올렸습니다.

내가 집중한 건 두 번째 일화였습니다. 오병이어의 기적을 보인 후 예수는 제자들에게 작은 배를 타고 먼저 갈릴리 바다 건너편으로 가 있으라고 했습니다. 제자들이 배로 이동하는 동안 예수는 산에 올라가 기도를 했습니다. 하지만 예수가 기도를 다 마치고 산에서 내려올 때까지 제자들은 건너편에 닿지도 못했습니다. 잔잔했던 바다에 갑자기 심한 파도가 몰아치는 바람에 그들의 작은 배가 방향을 잃고 마구 흔들렸기 때문입니다.

견고한 땅에서 제자들이 탄 배를 목격한 예수는 어떻게 했던가요? 바다 위를 성큼성큼 걸어서 제자들에게로 갔습니다. 예수는 수제자 격인 베드로를 바라보며 이렇게 말했지요. 내게 오라.

예수의 명령을 거절할 수 없었던 베드로는 배에서 내려 바다 위를 걸었습니다. 한 걸음, 두 걸음……. 그러나 큰 바람이 불자 이내 두려움에 사로잡혔고 그러자마자 바다에 빠지고 말았습니다. 구해 달라고 외치는 베드로에게 예수는 손을 내밀며 이렇게 말했지요. 믿음이 적은 자여, 어째서 내 말을 의심했느냐? 예수와 베드로가 배에 타자 바람이 그쳤습니다. 배 안에 있던 제자들은 예수를 보며 이렇게 말했지요. 주는 하나님의 아들이십니다.

기독교를 믿는 집안에서 자라 대학 시절까지 교회에 다녔던 나는 몇 해 전의 어느 외롭고 외로웠던 밤, 아무리 잠을 청하려 해도 분노와 슬픔과 부끄러움으로 도무지 잠을 이룰 수 없었던 그 길고 길었던 밤, 너무 긴 외로움을 견디다 못해 결국 먼지 묻은 성경까지 꺼내서 뒤적였습니다.

그러나 나는 이 일화를 접한 후 읽던 성경을 그대로 벽에 던졌습니다. 이 일화 속에서의 예수는 생사여탈권을 손에 쥔 전지전능한 자였습니다. 그럼에도 작은 배 한 척에 의지한 이들에게 일부러(내가 정독한 바에 따르면 '일부러'가 맞습니다.) 혹독한 시련을 주고는 믿음이 부족해서 생긴 일이라며 도리어 벌컥 화를 내는 자였습니다. 시련을 선사한 이유는 단 하나, 자신이 하나님의 아들이라는 사실을 제자들의 입을 통해 듣기 위해서였습니다.

조금 과장해서 말하자면 고난에 처한 국민을 도울 수단을 갖고 있으면서도 정작 조처는 취하지 않고 훌륭한 국가가 다 알아서 처리할 것이니 그저 조용히 있으라고만 명령하는 이 시대의 위정자들(그들이 '국가는 국민의 주인'이라는 헛된 명제에 집착하지 않고 제 역할을 제때 제대로 수행하기만 했더라도 국민들이 덜 다치거나 덜 죽었겠지요.)이나 하등 다를 바 없는 자가 바로 예수였습니다.

아, 아마도 나는 지나치게 예수를 몰아붙이고 있는 것이겠지요. 죄 많은 세상을 구하기 위해 평생을 헌신했으며, 죽을 때에도 주여 어찌하여 나를 버리십니까, 하고 절규했다는 그 인간적인 예수를 말이지요. 공화국의 수장들이 보인 행보와는 너무나 다른 삶을 살았던 그 훌륭한 예수를 말이지요. 아, 나는 사람으로서 감히 신의 세계를 평가하고 재단하려는 오류에 빠진 것이겠지요. 그럼에도 나는 벽에 던진 성경을 다시는 펼쳐 보지 않았습니다.

내가 겪은 현실 또한 그와 비슷했습니다. 내게 필요했던 것은 기적이었으나 주어진 거라곤 호통뿐이었습니다. 다 알아서 할 것이니 잠잠히 있으라고 말하는 그 호통 소리는 매서웠고, 왜 나라의 권위와 능력을 믿지 못하는 것이냐는 질책은 요란했으나 결국 기적은 아예 일어나지도 않았습니다. 그런 면에서 예수가 위정자들(존의 아버지도 포함해야 옳겠지요.)보다 조금이나마 더 나은 것만은 부인할 수 없겠습니다. 어쨌건 예수는 범위에도 없던 시험문제를 던져 주고 제 마음대로 질책을 하기는 했어도 결국 베드로를 구했으니까요.

존이 괜찮으십니까, 물었습니다. 아마도 존은 생각에 잠긴 나를 보고 어느 순간 이야기를 중단했던 모양입니다. 나는 고개를 끄덕였습니다. 존은 나를 따라 고개를 끄덕인 후 이야기를 이어 갔습니다.

한 끼로 충분하리라는 황제의 말은 거짓이 아니었습니다. 황제가 선물한 물고기는 가장 작은 게 어른 팔뚝 크기였으며 눈대중으로 대충 세어 봐도 스무 마리 이상이었으니까요. 스무 마리 넘는 물고기를 모두 황제가 잡은 것은 아닐 것입니다. 황제는 가끔 고기를 낚기는 했으나 대개의 시간 동안은 그저 놀러 온 사람처럼 혹은 명상하러 온 사람처럼 강물을 바라보며 유유자적하거나 먼 산을 바라보며 생각에 잠겼지요.

고기잡이가 생업이라도 되는 것처럼 진지하고 고단한 얼굴로 바쁘게 낚시질하고 때론 물속에 들어가 손발까지 동원해 물고기를 잡은 건 황제가 아닌 태감 이하 부하들이었습니다. 그럼에도 스무 마리가 넘는 물고기 모두 황제가 잡은 것이었습니다.

선양이 황제의 것이듯 훈허 또한 황제의 소유물입니다. 그러니 태감과 부하들은 그저 황제의 명을 받아 물고기를 대신 잡은 것일 뿐입니다. 그들은 황제가 빌려준 보이지 않는 손과 발과 권위와 위엄을 빌려 물고기를 포획한 것에 지나지 않습니다.

황제에게서 받은 스무 마리 넘는 물고기는 오래 머물러 익숙해졌던 관소를 처음 보는 낯선 장소로 바꾸어 놓았습니다. 관소는 이국의 물고기를 삶거나 굽거나 볶는 냄새로 가득했으며, 한번 자리 잡은 그 냄새는 몇 달이 지난 후에도 문지방이며 기둥이며 천장이며 방석 같은 곳에 잔뜩 묻은 채 좀처럼 사라지지 않아 관소에 처음 오는 이들로 하여금 들어서자마자 손가락으로 코부터 부여잡게 만들었지요.

관소 건물 구석구석 스며든 비릿한 냄새가 물고기의 맛까지 보장하지는 않는다는 사실을 관소에서 만든 음식을 질리게 먹어 본 당신은 절대 부정하지 못하겠지요. 그렇습니다. 관소에서 조리한 물고기 요리들은 맛의 측면에 있어서 그리 성공적이지 못했습니다. 아니, 냉정하게 평가하자면 전혀 맛이 있지 않았습니다.

잉어와 비슷하게 생겼으나 수염이 없어 어딘지 모르게 측은해 보이는 초어는 너무 오래 삶는 바람에 어죽처럼 되었고, (처음부터 어죽을 만들 요량이었다면 차라리 훨씬 더 먹을 만했겠지요.) 기름을 살짝 발라 구운 문절망둑은 그저 종이 씹는 것처럼 무미건조하기만 했습니다. 어린 황어 살을 얇게 발라내 겨자, 생강, 마늘과 함께 살짝 비빈 무침이 그나마 제일 먹을 만했으나, 그것은 다른 음식과의 상대적 평가에 따른 결과일 뿐 그 자체로 진미라 부를 만한 수준의 것은 결코 아니었습니다.

사소한 사건 하나하나까지 깊이 들여다보아서 문제를 찾아 해결해야 직성이 풀리는 당신이 그 자리에 있었다면 아마 산천(山川)의 차이 때문이라고 말했겠지요. 산과 강이 다르니 물고기 맛도 조선과 다른 것은 당연하다고 애써 그 이유를 설명하려 했겠지요. 절반은 맞으나 절반은 그른 이야기입니다. 산천의 영향이 전혀 없다고 말할 수는 없으나 모든 것을 다 그 탓으로만 돌릴 수는 없습니다. 선양에서 나고 자란 물고기에 맞는 최적의 조리법으로 산천의 영향을 최소화할 수 있는 방안이 분명히 존재했다는 뜻이지요.

자상하고 세밀하고 위엄 있는 긴 얼굴의 황제는 나에게 물고기만 달랑 선물한 게 아니었습니다. 관소에 만주족 요리사와 역관을 함께 보내 물고기 조리하는 법을 하나부터 열까지 세세하게 알려주었지요. 그렇습니다. 그게 바로 다이칭 구룬, 즉 대청국의 황제가 일을 처리하는 방식이자 궁궐 안에 머물면서도 세상에서 일어나는 만 가지 일을 모두 다 꿰뚫고 있다는 만기친람(萬機親覽)의 진정한 의미인 것입니다.

문제는 관소에서 일하는 조선인 요리사였습니다. 만주족 무시하기로는 관소에서 으뜸인 이 늙은 요리사는 손짓, 발짓까지 동원해 만주족 요리사의 말을 정성껏 전하는 역관의 말을 귓등으로도 듣지 않았습니다. 결국 그는 만주족 요리사와 역관을 아예 구경꾼으로 만들어 버리고는 제가 아는 요리법만 가지고 조리를 했지요. 그 참담한 결과는 내가 이미 당신에게 말한 바와 같습니다.

늙은 조선인 요리사가 홀로 고집 피우며 조리에 몰두하는 동안

(참고삼아 말하자면 조선인 요리사는 원래 밥 짓기를 전문으로 하는 반공(飯工) 출신이었지요. 생선 요리가 전공인 적색(炙色)과는 거리가 멀었지요. 그럼에도 그는 만주족이 싫다는 이유로 자기 혼자 생선 조리 과정을 다 맡아서 처리했던 것입니다.) 만주족 역관은 요리사를 데리고 나를 찾아왔습니다. 잔뜩 흥분한 역관은 황제의 명령을 어긴 조선인 요리사를 붙잡아다 혼쭐을 내 주어야 한다고 엄포를 놓았습니다.

원칙으로 보자면 역관의 말은 그르지 않았습니다. 역관과 요리사는 황제를 대신해서 온 이들이었으니까요. 그들의 말은 황제의 명령이었으니까요. 아무리 그렇더라도 제 마음대로 물고기를 조리했다는 이유로 요리사를 처벌하는 것은 내외에 위신이 서지 않는 일이었지요. 나는 조금 귀찮기는 해도 시간을 들여 역관의 투정을 다 들어주는 방법을 택했습니다. 결과적으로 보건대 그것은 나나 역관 모두에게 득이 되는 행동이었습니다.

역관은 관소의 일인자인 조선의 세자에게 만주족 요리사가 설명하는 물고기 조리법에 자신의 견해까지 더해 전달함으로써 부뚜막에서 잃어버렸던 권위를 어느 정도나마 회복할 수 있었고, 나는 경륜 많은 만주족 요리사의 실전적인 설명과 어려서부터 그들

방식으로 만든 물고기 요리를 먹고 자랐을 역관의 미식가적이면서도 조금은 주관적인 감상을 통해 이상적이고 완벽한 음식을 상상할 수 있는 행복한 시간을 가졌기 때문입니다.

만주족 요리사는 초어나 문절망둑은 다른 생선들보다 크게 썰어서 오랜 시간 푹 삶아야 한다고 했습니다. 그런 후 솥에서 꺼내 살이 바삭바삭해질 때까지 볶아야 하며, 마지막에는 미리 짜 두었던 머리 기름을 살짝 부어서 먹어야 제맛이 난다고 말했습니다. 조금 더 깊이 있는 맛을 즐기려면 시간을 두고 먹는 게 좋다고 말했습니다. 완성된 초어나 문절망둑을 자작나무 상자 안에 넣어 땅에 묻어 두면 며칠이 지나 살짝 삭게 되는데 그 삭은 요리야말로 별미 중의 별미라고 말했습니다. 황어의 경우는 조선인 요리사가 했던 것보다 살을 더 가늘게, 그러니까 아예 실처럼 가늘게 자르는 게 제일 중요하다고 말했습니다. 그래야 양념이 잘 배어들어 더 좋은 맛이 난다는 것이었습니다.

내 진지한 경청에 만주족 요리사와 역관이 어느 정도 만족한 상태가 되어 돌아간 후 마침내 요리가 나왔습니다. 음식은 앞에서 이미 말했듯 그 자체로도 참 맛이 없었으나 만주족 요리사와 역관의 설명을 통해 상상 속에서나마 미각의 수준을 잔뜩 올려놓은 내게는 최악이었습니다.

그렇다고 당장에 숟가락을 놓을 수도 없는 상황이었지요. 이국에 머무는 세자에게 궁중에서 먹던 것과 똑같은 음식을 대접하는 즐거움으로 산다는 천민 출신 늙은 요리사의 그 우직한 충정 내지 자부심을 무참히 깰 권한이 내게는 전혀 없으니까요.

그래서 나는 일부러 과장되게 고개를 끄덕이고 평소와는 달리 쩝쩝 소리까지 내 가며 음식을 먹었습니다. 내게 할당된, 적지 않은 양의 음식을 고문당하듯 억지로 입에 넣으면서도 얼굴에는 마애불상의 특별한 미소를 짓는 것을 잊지 않았습니다.

사실 말처럼 쉬운 일은 아니었지요. 아무 맛도 느껴지지 않는 음식을 입에 넣는 것은 고문이나 마찬가지였으니까요. 그래서 나는 나 자신을 제어하기 위해 특별한 조처를 취해야만 했습니다.

내가 먹는 것은 입에 넣기도 민망한 이상하고 괴이한 음식이 아니라 천하에 보기 드문 귀하고 맛난 음식이라고 스스로를 세뇌시켰습니다. 그 효과를 증폭시키기 위해 푹 삶은 돼지고기와 달콤한 다식*, 겨자와 마늘을 뿌린 생사슴고기 같은 그동안 맛보았던 만주

다식(茶食) 녹말, 송화, 검은깨 등의 가루를 꿀이나 조청과 반죽한 뒤 다식판에 박아 만든 색색깔의 전통 과자.

족의 훌륭한 음식들을 머리에 떠올리며 숟가락을 움직였습니다.

아, 거기서 멈추었으면 좋았을 것을. 그랬다면 나는 상상의 힘을 빌려서 제법 배부르고 행복한 시간을 가졌을 것을. 나는 그렇게 하지 못했습니다. 내 머리는 내 손이 미처 말리기도 전에 저 혼자 앞으로 더 달려 나가 만주족의 또 다른 진미를 냉큼 떠올려 버렸습니다. 그게 바로 아지로 만든 요리입니다.

아지라는 미지의 단어를 마지막으로, 유장하게 흐르던 존의 이야기가 잠시 멈췄습니다. 머릿속이 다소 혼란스러웠습니다. 나로서는 잘 알 수 없는 결정적인 비밀이 아지라는 이상한 단어에 숨어 있는 느낌이었습니다. 그 느낌은 어딘지 모르게 내게 익숙했습니다. 존이 창밖을 보며 식은 커피를 마시는 동안, 나는 내 가족과 함께 방문한 적이 있는 도시 선양을 떠올렸습니다.

결론부터 말하자면 그 옛날 만주족이 자신들의 정서적인 고향이라 여기며 신성하게 대했던 도시 묵던 혹은 선양은 오붓한 가족 여행에 적합한 장소는 아니었습니다.

미세 먼지로 이박 삼일 내내 햇빛을 제대로 보기 어려웠던 도시 선양에서는 마스크로 코와 입을 가리지 않고는 제대로 걷기도 어려웠습니다. 그래서 나는 여행 내내 죄지은 사람처럼 자꾸 변명을 해야만 했습니다. 선양을 여행지로 고른 것은 바로 나였기 때문입니다. 책으로만 읽었던 훈허와 고궁, 남탑 거리, 그리고 관소의 흔적을 내 두 눈으로 똑똑히 보고 싶었기 때문이었습니다.

그 선양에 역사에는 별 관심이 없었던 내 가족까지 다 데리고 간 이유는 무엇이었을까요? 나는 역사적 명소도 보고 친목도 도모하는 일석이조의 여행을 꿈꿨습니다. 계획대로라면 충분히 가능할 것 같았지요. 그러나 허황한 꿈은 결코 이루어지지 않는 법입니다. 나는 내 가족을 의식하며 주마간산하는 식으로 대충대충 유적지를 볼 수밖에 없었고, 내 가족은 극에 달한 미세 먼지와 맵고 기름진 훠궈*와 성분 미상의 재료로 만들어진 조악한 기념품에 대한 모호한 기억만 안은 채 여행을 마감할 수밖에 없었습니다.

그것이 나와 내 가족이 함께했던 마지막 여행이었습니다. 상처뿐이었던 그 여행에서 되새기고 싶은 건 두 가지뿐입니다. 무슨 까닭인지 나는 끝내 관소의 흔적을 찾지 못했습니다. 고궁 근방에 있다는 소년 아동 도서관, 옛 관소의 자리에 지었다는 그 도서관

훠궈 샤브샤브의 원형인 중국의 국물 요리.

을 도무지 찾을 수가 없었던 것입니다. 뜻대로 되는 일이 없었던 여행 때문에, 저녁 식사 때가 다 된 시각 때문에, 마음이 몹시 급해진 탓이었을 것입니다.

그날 밤, 여러 가지 이유로 잠 못 이루고 뒤척이는 내게 아내는 문절망둑이라도 먹어야겠네, 하고 말했습니다. 아내는 내 등을 토닥거리며 문절망둑에 대한 아름다운 이야기를 들려주었습니다.

문절망둑의 또 다른 이름은 잠자는 고기(睡魰)야. 바닷가 사람들은 잠이 오지 않는 날이 이어지면 문절망둑을 잡아 매일같이 요리를 해 먹는대. 그러면 어느새 불면증이 사라지고 깊은 잠에 빠지게 되는 거야. 어찌나 효과가 좋은지 어떤 이들은 먹는 도중에 잠이 들어 버린대.

아내는 귀국하자마자 문절망둑을 구해 요리를 해 주겠다고 했습니다. 그러나 나는 끝내 내 가족과 함께 문절망둑 요리를 먹지 못했습니다.

떠올리지 않았으면 더 좋았을 물고기 아지. 그럼에도 본능을 앞세운 내 머리가 이성을 내버려 두고 저 혼자 앞서 달려간 바람에 결국 억지로 떠올리게 되었던 물고기 아지. 입은 다른 물고기보다 예닐곱 배, 아니 열서너 배는 크고, 그 커다란 입에 비하면 눈은 또 기이하게 작아서 숨은그림찾기처럼 같은 지점을 다른 시각으로 네다섯 번 자세 바꾸어 들여다보지 않고는 도무지 찾기 어렵고, 코는 튀어나온 끝을 대패로 쓱 밀어 버리기라도 한 것처럼 일자로 밋밋한 기이한 물고기 아지. 생김새만으로도 충분히 기이했지만 크기는 다섯 자*를 훌쩍 넘고 무게는 무려 이백 근*에 달해 모두를 또 한 번 깜짝 놀라게 했던 물고기 아지.

그러나 아지의 가장 기이한 점은 생김새나 크기나 무게가 아닌, 외양만 봐서는 도무지 상상하기 어려웠던 그 훌륭한 맛에 있었지요. 각종 양념을 더해 삶아 낸 살점의 맛은 뜻밖에도 신성한 돼지고기보다도 더 부드러우면서 담백했지요. 만주족의 조언을 받아들여 가슴살의 일부는 회로도 먹어 보았습니다. 민물고기 특유의 흙냄새가 전혀 없는 데다가 씹으면 씹을수록 더욱 고소해져서 다 먹고 난 입안에 탄성이 침처럼 고일 정도였지요.

다섯 자 한 자는 약 30.3cm이므로, 다섯 자는 약 150cm.
이백 근 한 근은 600g이므로, 이백 근은 120kg.

이 모든 건 만주족 요리사가 직접 관소로 와서 조리를 했기에 가능한 일이었습니다. 황제는 선양에서만 잡힌다는 귀한 물고기 아지를 우리에게 제대로 맛보이고 싶어 했습니다. 그래서 만주족 요리사가 모든 조리의 과정을 총괄하도록 아예 조서를 내렸던 것입니다. 황제의 배려, 혹은 강압이 아니었다면 아마도 우리는 자부심 강한 반공 출신 조선인 요리사가 만든 평범한, 혹은 조선의 방식으로 심하게 왜곡된 아지 요리를 먹었겠지요. 그러고는 생김새만큼이나 맛도 괴이하다며 고개를 휙휙 내저었겠지요.

맛이 특출하게 뛰어났음에도 아지는 우리 모두에게 다시는 머리에 떠올리기도 싫은, 그러니까 이율배반의 물고기이기도 했지요. 그건 모든 것을 다 아는 황제조차도 전혀 예상하지 못한 일이었을 것입니다. 선양 특산이라는 기이한 물고기 한 마리, 그럼에도 결국엔 물고기에 불과한 그 생물이 조선과 청 사이에서 그토록 머리 아픈 문제를 일으킬 줄을 신이 아닌 이상 도대체 누가 예견했겠습니까?

아, 황제를 탓하는 것은 아닙니다. 황제가 내 아버지(이지만 실은 황제의 새로운 아들이기도 한)에게 세밀 선물을 보내기로 마음먹은 것은 어쩌면 당연한 일일 것입니다. 아버지가 멀리 떨어진 자식에게 그리운 마음을 전하기에 선물만큼 좋은 것은 없을 테니까요. 그런 선물이니만큼 당연히 가장 귀한 물건이어야 하겠지요.

황제의 선택은 선양 특산인 아지와 만주족이 최고의 술로 여기는 몽골산 유수소주(乳酥燒酒)였습니다. 용골대는 조선 출신 역관을 통해 황제의 말을 그대로 전했습니다. 자신들에게 영리한 사람 한 명을 보내 아지의 정확한 조리법을 익히게 한 뒤 그이를 조선으로 보내라는 것, 우마유*에 몸에 좋은 여러 가지 약초를 넣어 만든 유수소주는 최고의 만병통치약이니 맏아들도 없이 외로이 새해를 맞느라 몸과 마음 모두 지쳤을 조선 국왕이 아침저녁으로 조금씩 복용하면 더없이 좋으리라는 것, 이렇게 두 가지였습니다.

용골대가 돌아간 후 관소는 물고기치고는 너무 큰 아지의 운반 방법을 놓고 일대 혼란에 빠졌습니다. 그대로 보낼까, 토막을 내서 보낼까 하는 문제로 오랜 시간 토의한 끝에 그대로 보내되 크기가 워낙 크니 관소에서 구할 수 있는 가장 큰 수레에 실어서 운반할 것, 혹시라도 운반 도중에 상하는 것을 방지하기 위해 자작나무 상자를 짜서 그 안에 넣을 것, 이렇게 두 가지 사항을 결정했지요. 선

우마유(牛馬乳) 소나 말의 젖.

전관 한 명이 운반의 책임을 맡았습니다.

아지를 실은 수레가 사람들의 호위를 받으며 관소를 출발하던 날 나는 문밖까지 나아가 그 모습을 한참 동안 바라보았지요. 그 날 당신에게는 차마 말하지 못했으나, 나는 그 순간 내밀한 바람 하나를 품고 있었습니다. 수레가 움직이는 그 순간만큼은 나는 차라리 한 마리의 기이한 아지가 되고 싶었지요. 가슴 한쪽을 떼어 아지 곁에 놓아두고 싶었지요. 어쩌면, 당신 또한 나와 같은 마음을 가졌을지도 모르겠습니다.

황제가 선물한 아지는 보름 후 아버지에게 전달되었습니다. 선물만 받고 입을 씻는 것은 예의에 크게 어긋나는 일이기에 내 아버지 또한 아지에 버금가는 훌륭한 선물을 골라서 보내기로 했습니다. 오랜 회의 끝에 조선에서 고른 품목은 커다란 유자 서른 개였습니다.

먼저 돌아온 인편으로 그 소식을 전해 들은 나는 설레는 마음으로 유자가 도착하기만을 기다렸습니다. 시큼한 맛이 싫어서 조선에 있을 땐 거들떠보지도 않던 과일이었는데, 그게 왜 나를 설레게 했는지는 잘 모르겠습니다. 굳이 해석하자면 향수 비슷한 감정이었겠지요. 그런데 당신도 알다시피 유자는 좀처럼 도착하지 않았지요. 열흘이 지나고 스무날이 지나고 한 달이 지나도 유자는 오지 않았습니다. 유자가 도착한 건 무려 한 달하고도 열흘이 지난 후였습니다.

핑계 없는 무덤이 없듯 조선에도 분명 사정은 있었을 것입니다. 황제에게 보낼 최상급의 유자를 선별하기 위해 애를 썼을 것이고, 상처 없이 운반하기 위해 여러 가지 노력을 다 기울였을 것입니다. 그렇더라도 다른 물건도 아닌 유자를 보내는 데 한 달 넘는 기간을 소모했다는 것은 선양에 있는 나로서는(어느새 만주족 특유의 효율성에 푹 젖은 나로서는) 도무지 이해할 수 없는 일이었습니다.

사실 아지에 비하면 유자는 운반이 용이한 물건이었지요. 어떻게 운반하면 좋을까, 하고 고민할 필요도 없는 평범한 물건이었다는 뜻입니다. 그런데 별다를 것도 없는 그 유자를 보내는 데 왜 그토록 긴 기간이 필요했던 걸까요? 이미 지난 일을 새삼 회고해 봐야 소용없는 일입니다.

어렵게 도착한 유자 상자를 서둘러 열자마자 실패라는 단어가 잽싸게 튀어나와 내 코를 가격했습니다. 대비도 없이 얻어맞은 터라 머리가 다 지끈거릴 지경이었습니다. 아, 유자는 다 썩어 있었습니다. 하나도 빠짐없이 다 썩어 있었습니다. 입안이 씁쓸해지고 속이 뒤틀렸습니다. 당장이라도 토할 것 같아 타구*에 입을 댔으나 나오는 건 그저 헛구역질뿐이었지요.

나는 침을 삼키고 물을 마신 뒤 당신을 불러 대책을 상의했습니다. 상의라고 해 봤자 다른 결론이 있을 리 없었지요. 2월 말이 되도록 도착하지 않는 답례품에 황제는 내색은 안 해도 도대체 무슨 일인가, 하고 적지 않게 궁금히 여기고 있었을 것입니다. 급히 사람을 보내 새로운 유자를 요청하는 것은 하나 마나 한 일이었습니다.

나는 당신이 내놓은 유일한 계책, 솔직하게 말하라는 그 조언을 받아들였습니다. 조금 과장해서 말하자면 썩은 유자에 내 운명을 맡긴 것입니다. 썩은 유자 상자를 들고 직접 예부를 찾아가는, 겉으로는 모험처럼 보이나 실은 그 상황에서의 유일한 정수*를 과감하게 둔 것입니다.

다행히도 예부 관원은 우리가 예상했던 것처럼 크게 놀라지는 않았습니다. 썩은 유자를 보고 눈을 잠깐 크게 떴을 뿐 이내 늘 보던 담담한 표정으로 돌아가 이렇게 말하는 것이었습니다. 괜찮습니다. 염려하지 마십시오. 우리는 다만 정성을 받을 뿐입니다.

다행이었습니다. 조선에서 그와 같은 일이 벌어졌다면 관원 한

두 사람의 모가지는 달아났을 것입니다. 그러나 안심은 잠깐이었습니다. 그 자연스럽고 담담한 말과 표정이 나를 더 부끄럽게 만들었습니다. 나는 간단한 목례만 건네고 서둘러 예부를 빠져나왔습니다. 일부러 말에서 내려 관소까지 천천히 걸어오는 동안, 나는 많은 것들을 생각했습니다. 그중에는 당신에게 말하기 민망한 문장도 있었습니다.

조선이 다이칭 구룬에게 패한 건 이제 와서 보니 참으로 당연한 사태였구나. 꼭 병자년이 아니었어도 조선은 패배의 치욕에서 벗어날 길이 없었겠구나.

나를 죽음 직전까지 몰고 갔던 그 지독했던 토사곽란이 처음 시작된 건 우연인지 필연인지 몰라도 바로 그날 밤의 일이었지요.

한밤중에(기억을 더듬어 보다 정확히 말하면, 사경* 끝 즈음에) 예고도 없이 갑자기 시작되어 내 진을 다 빼놓았던 토사곽란은 다음

타구(唾口) 가래나 침을 뱉는 그릇.
정수(正手) 속임수를 쓰지 않은, 정당한 방법이나 수완.
사경(四更) 새벽 1시~3시.

날 아침이 되자, 새로운 증상들을 친구 삼아 여럿 데리고 놀러 왔습니다. 몇 시간 동안 계속되었던 토악질과 설사가 잦아드는가 싶어 살짝 마음을 놓았던 순간이었지요.

첫 증상은 눈에 나타났습니다. 안구가 빠질 것 같은 극심한 압박의 느낌에 놀라서 나도 모르게 어린애처럼 소리를 마구 질러 댔지요. 눈의 통증이 사라지자 이번에는 머릿속이 지진이라도 난 것처럼 전후좌우로 마구 흔들리는 증상이 나타났습니다. 내 머리가 그대로 붕괴될 것 같아 안석*에 기대 있기도 힘들었습니다. 잠깐 버티던 나는 결국 저항이랄 것도 없는 저항을 포기하고 그대로 정신을 놓아 버렸습니다.

그 이후 두 달 가까이 계속되었던 여러 증상에 대해 자세히 논하지는 않겠습니다. 대책도 없이 그저 전전긍긍하기만 했던 그 참혹하고 무기력했던 시절을 떠올리게 함으로써 또다시 당신을 괴롭히고 싶은 생각은 추호도 없으니까요. 나는 침을 맞고 뜸을 뜨고 약을 먹었습니다. 다 소용없었습니다. 내 병은 배에서 가슴으로, 가슴에서 눈으로, 눈에서 머리로, 또다시 머리에서 배로 옮겨

안석(案席) 벽에 세워 놓고 앉을 때 몸을 기대는 방석.

다니며 나를 농락했습니다. 의관들은 처음 접하는 기이한 병에 당황했습니다. 병의 원인을 모르니 처방도 효과가 있을 리 없었습니다. 그저 드러난 증상만 치료하기에 급급할 뿐이었습니다. 나는 살고 싶었습니다. 그런 식으로 생을 마감하고 싶지는 않았습니다. 아버지에게 직접 손 내미는 것을 몹시 꺼렸던 내가 서둘러 사람을 보내 새 의관을 요청한 까닭입니다.

내가 앓아누웠다는 소식이 만 가지 일을 총괄하는 황제의 커다란 귀에 들어가지 않았을 리가 없습니다. 앓아누운 지 보름 정도 지났을 때, 용골대가 황제의 전언을 가지고 관소에 들어왔습니다. 용골대는 예의를 차리기 위해 억지로 일어나려는 나를 만류한 뒤 황제의 전언을 전했습니다.

세자의 몸이 아픈 것은 필시 마음이 아픈 탓일 것이다. 근심을 줄이고 마음을 편히 먹도록 하라. 세자가 아프다는 소식이 조선에 전해지면 그 아비 또한 걱정으로 마음이 상하게 될 터이니 이는 여러모로 무익한 일이다. 세자에게 당부하니 관소에만 머물지 말고 강변이나 절에라도 다녀오도록 하라. 그 사소하고 가벼운 움직임이 세자의 병을 고칠 수 있는 묘책일 수도 있을 것이니…….

방 안에 누워 근심 걱정에만 빠져 있지 말고 몸을 움직이라는 황제의 지극히 만주족다운 처방에 적극 응대한 건 내가 아닌 당신이었지요. 당신은 이렇게 말했습니다. 황제의 염려하는 마음은 잘 알겠으나 일반 사람이 아닌 세자가, 그것도 지금 중병을 앓고 있는 세자가 그저 놀러 가듯 몸을 일으켜 산보 가듯 관소를 나설 수는 없는 일이라고요. 논리를 앞세우고 감정을 억누른 당신의 차분한 반박에 용골대는 평소와는 다르게 응대를 했습니다. 황제가 세자의 병에 대해 지극히 염려하는 마음을 갖고 있다는 사실을 분명히 전했으니 자신은 할 바를 다했다고요.

이제 와서 하는 말이지만, 다른 이가 아닌 당신에게만 비밀스럽게 하는 말이지만 황제의 전언을 듣는 순간 나는 하마터면 눈물을 흘릴 뻔했습니다. 황제의 처방이 참으로 탁월하다고 감탄해서 그런 것은 절대 아니었습니다. 병의 뿌리가 마음에 있다는 진단은 일면 탁월했습니다. 하지만 계속된 토사곽란과 이름도 알 수 없는 병이 몸 여기저기를 마구 돌아다니는 기이한 증세로 제대로 먹지 못하고 몸도 가누기 힘든 상황에서 강변이나 절에 다녀오라는 조처는 비현실적이었습니다. 강건한 만주족은 그런 식으로 육체의 병을 다스리는지 모르겠으나, 몸 움직이는 행동 자체를 그리 좋아하지 않는 조선인인 내게는 애초부터 불가능한 일이었지요.

그럼에도 황제의 전언에는 뭐랄까, 만주 방식의, 그러니까 그들이 다이칭 구룬이 아니라 야만적인 건주 여진으로 불리던 시절부터 갖고 있었던 우직한 따뜻함 같은 감정이 들어 있었습니다. 볼모인 나의 건강을 진심으로 염려하는, 정략적인 것과는 하등 관계가 없는 순수하게 인간적인 본성에서 우러나오는 진실한 마음이 그 전언 속에는 분명히 담겨 있었다는 뜻입니다. 다행히 나는 눈물까지 흘리며 감격하지는 않았지요. 그랬기에 당신 또한 그때의 내 감정이 그러했으리라고는 짐작도 못 했을 것이고요.

황제의 전언은 그 내용이 어찌 되었건 간에 효과가 있기는 했습니다. 모두에게 근심거리가 되었음을 다시 한 번 확인한 나는 무슨 수를 써서라도 자리에서 일어나고 말겠다는 결심을 굳혔고, 그 결심을 다음과 같은 형태의 문장으로 정리해 약간은 떼를 쓰듯 당신에게 알렸지요. 조선에서 나는 싱싱한 배가 먹고 싶소.

내 한마디에 관소는 바빠졌습니다. 다른 사람도 아닌 세자의 바람, 혹은 명령이었으니까요. 당신은 역관 한 명, 금군 한 명을 거느리고 날이 밝기도 전에 관소를 빠져나갔습니다. 배를 구할 만한 대도시인 의주까지 다녀오려면 적어도 열흘은 걸릴 터였습니다.

당신이 없었던 그 열흘 동안 나는 어떻게 지냈는지 아십니까? 내 병은 좋아졌다 나빠졌다를 널뛰기하듯 반복했습니다. 어떤 날은 상태가 제법 좋아 눈 똑바로 뜨고 안석에 한두 시간 기대어 앉아 있기도 했고, 또 어떤 날은 아예 몸에 힘을 제대로 줄 수도 없어 누운 자리에서 입술만 바르르 떨며 꼼짝하지도 못했습니다.

부침을 거듭했던 그 변화무쌍의 나날 동안 내가 제일 많이 한 것이 무엇인지 아십니까? 나는 선양으로 오기 전에 겪었던 일들을 자주 생각했습니다. 감정이 격앙될까 봐 일부러 미뤄 두었던, 아니 거의 기억에서 지웠던 그 시절의 일들을 자주 생각했습니다. 이를테면 다음과 같은 것들이지요. 선양으로 떠나면서 아버지와 나누었던 마지막 언어와 풍경, 삼전도를 떠나 선양성에 도달하기까지 겪었던, 돌이켜 보면 꽤 의미심장했던 여러 종류의 사건, 그리고 그 밑바닥에 공통으로 깔려 있던 무기력과 분노 같은 부정적인 감정들 말이지요.

꼬리에 꼬리를 물고 이어지던 존의 이야기가 갑자기 멈추었습니다. 존의 눈가에 눈물이 맺혔습니다. 존은 고개를 살짝 돌렸습니다. 다른 이의 슬픔을 두 눈 빤히 뜨고 바라보기만 하는 것은 비겁

한 일입니다. 나는 분홍 배낭에서 노란 꽃무늬 손수건을 꺼내 존에게 주었습니다.

존이 내 가족의 체취가 남은 손수건으로 눈물을 닦는 동안 나는 카페 안에서 흘러나오는 옛 노래를 조용히 따라 불렀습니다. '산길을 간다. 말없이, 홀로 산길을 간다.'로 시작되는 낡고 낡은 노래였습니다. 노래가 거의 끝에 이르렀을 무렵, 존이 조용하면서도 정중한 목소리로 고맙다는 말을 하며 손수건을 돌려주었습니다.

존은 잠깐의 간격을 두었다가 내게 노래의 제목을 물었습니다. 양주동의 가사에 박태준이 곡을 붙인 〈산길〉이라는 노래라고 말했습니다. 박태준은 산길보다 훨씬 더 인구에 회자되었던 사우(思友), 즉 〈동무 생각〉이라는 노래의 작곡자로도 유명한데 나는 그 노래에 등장하는 청라 언덕을 내 두 발로 직접 밟아 본 적도 있다고, 묻지도 않은 사설까지 덧붙였습니다. (물론 내 아내의 고향이 청라 언덕이 있는 도시라는 사실은 밝히지 않았지요.)

아마도 주인이 우리 이야기를 엿들었던 모양입니다. 그즈음 가게 안에 손님이라고는 우리밖에 없었으니 고의로 엿들은 건 아닐 것입니다. 머리가 하얗게 센 주인은 이미 끝난 노래를 다시 한 번 틀어 주는 호의를 베풀었습니다. 나는 주인의 호의에 보답하고자

오렌지 주스를 두 잔 주문했습니다. 잠시 후 나온 주스는 제법 진했고 차가웠습니다. 고맙다는 말을 한 후 주스를 마시던 존이 문득 컵을 내려놓고 내게 물었습니다. 산성에 닭이 있을까요?

이상한 질문이었습니다. 지금까지 그가 해 왔던 이야기의 흐름과 어긋나는 질문이기도 했고, 그 흐름의 여부를 굳이 따지지 않더라도 결코 내가 답할 수 없는 종류의 질문이었지요. 나는 지금껏 그랬던 것처럼 아무 말도 하지 않고 가만히 있었습니다. 존은 컵을 기울여 어금니 형상의 얼음 하나를 손으로 집어 깨물어 먹은 후 다시 이야기를 시작했습니다.

아버지는 우리 일행과 함께 조선을 떠나는 구왕에게 특별히 나를 부탁했습니다. 아버지는 내 나이 또래의 젊은 구왕에게 이렇게 말했지요.

제대로 가르치지 못한 자식을 따라 보냅니다.
부디 대왕께서 저 아이를 깨우쳐 주시기 바랍니다.

내가 듣기에 절반의 겸양과 절반의 진실이 절묘하게 섞여 있는 그 부탁에 구왕은 이렇게 응대했지요.

세자의 연배가 저보다 높습니다. 일에 대처하시는 것을 보니 제가 가르칠 입장이 못 됩니다. 황제께서 후하게 대우하실 터이니 염려하지 마십시오.

문답이 거기에서 끝났다면 양측 모두에게 좋았을 것입니다. 그러나 아버지는 끝내 참지 못하고 내 아버지다운 한마디를 더 보태고야 말았습니다.

궁궐에서만 자란 몸이 약한 아이입니다. 여러 날 노숙하여 이미 병이 생겼습니다. 부디 조선을 지나는 동안만이라도 온돌방에서 잠을 잘 수 있도록 신경을 써 주시기 바랍니다.

그 말을 들은 구왕이 속으로 무슨 생각을 했는지는 모르겠습니다. 그러나 형제 중에서 황제와 가장 비슷한 성향을 지닌(좋은 의미에서건, 나쁜 의미에서건 말이지요.) 구왕은 눈썹 하나 찡그리지 않고 그저 이렇게만 말했을 뿐입니다.

귀한 가르침 잘 받들겠습니다. 먼 길을 떠나보내는 마당에 지나치게 마음을 쓰시느라 오히려 건강을 해치실까 두렵습니다. 세자는 머지않아 돌아올 것이니 너무 염려하지 마십시오. 군대가 가야 할 길이 멀어 마음이 몹시 분주합니다. 이만 하직했으면 합니다.

구왕은 정중히 인사하고 돌아섰으나 아버지의 눈치 없는 잔소리 세례는 아직 끝나지 않았습니다. 아버지는 경망스러운 눈물을 흘리며 내 어깨를 세게 붙잡았습니다.

매사에 열심을 다해라. 화가 난다고 지나치게 화를 내지도 말고, 행동함에 있어 가볍게 하지도 말아라. 알겠느냐? 내가 하는 말의 뜻, 정확히 알아듣겠느냐?

나는 네, 라고 말하고는 큰절로 하직 인사를 올렸습니다. 그래도 아버지가 눈물을 그치지 않자 여태껏 눈치를 살피던 늙은 신하들까지 하나둘 통곡하기 시작했습니다. 그 순간 나는 화가 났습니다. 패배한 것도 모자라 황제의 동생 앞에서 오만 가지 궁상까지 다 떨고 있는 모습에 짜증이 났습니다.

선양으로 떠나는 건 아버지도 늙은 신하들도 아닌 나입니다. 당사자보다 더 슬퍼하는 그들의 과장된 행동이 내겐 위선으로밖에는 보이지 않았습니다. 하지만 방금 지나치게 화를 내지도 말라는 충고를 들었던 터입니다. 나는 최대한 평온을 가장한 목소리로 방정을 떠는 늙은 신하들에게 일침을 놓았습니다. 주상이 앞에 계신데 다들 왜 이리 슬퍼하는가?

나는 서둘러 말에 오른 뒤 딱히 누구에게랄 것도 없이 공중에 대고 이렇게 쏘아붙였습니다. 다들 그만하고 이제 진정하도록 하라.

구왕에 대해서는 한마디 더 하고 넘어가야 하겠습니다. 구왕은 아버지에게 한 약속을 대체로 잘 지켰습니다. 길 가는 도중에 사냥해서 잡은 꿩이나 노루 같은 짐승들을 수시로 보내 주었을 뿐 아니라 답례로 보낸 물품들도 고맙다는 인사와 함께 대부분 다시 돌려주었습니다. 대인배가 아니고서는 쉽게 할 수 없는 행동이었지요.

한번은 자신의 천막으로 나를 불러 긴 행군에 어려운 점이 없는지 이것저것 상세히 묻기도 했습니다. 차린 음식이라고는 따뜻한 차와 다식이 전부였으나, 내뱉는 말과 태도에는 예의치레를 넘어선 정중함이 있어 나를 무척 놀라게 했습니다.

아, 물론 그 친절하고 자상한 구왕이 내가 잘 온돌방까지 신경

써 주지는 않았습니다. 구왕이 내 보모가 아닌 이상 그런 자질구레한 일이야 어차피 우리 일행이 알아서 할 일이었습니다. 하지만 전쟁에 패한 우리는 그런 쉬운 일조차 제대로 해내지 못했습니다.

선양에 도착하기까지의 그 길었던 노정에는 참 별스런 일도 많았습니다. 그중에서 가장 섬뜩했던 것은 내가 머물던 숙소 바로 옆 건물에서 일어난 화재였지요. 모두가 지쳐 쓰러진 한밤중에 불이 난 바람에 나는 옷도 제대로 갖춰 입지 못한 채 버선발 차림으로 방에서 급히 뛰쳐나가야 했습니다. 우리 일행의 인력과 수단으로는 그 불을 진압할 수도 없어 결국 용골대 휘하의 병사들까지 나섰지요.

용골대가 돌아간 후 나는 사람들을 불러다 화재의 원인을 파헤쳤습니다. 몇 번의 취조 끝에 곧바로 진실이 밝혀졌습니다. 불이 처음 일어난 곳은 주방이었습니다. 그런데 그 이유가 너무도 어이없기도 하고 가슴 아프기도 해서 나는 아무 말도 하지 못하고 말았습니다. 주방 하인은 검댕으로 시커멓게 된 얼굴에 눈물을 줄줄 흘리며 이렇게 말했습니다. 가마솥에 붙은 누룽지를 긁어 먹으려다 잠깐 조는 바람에…….

초반 며칠간 구왕의 행군 속도는 무척 빨랐습니다. 게다가 일정을 단축하기 위해 멀쩡한 대로를 두고 지름길인 산골짜기 험로를 택하기도 했지요. 체력이 뛰어난 만주족은 중간에 쉬지도 않았습니다. 우리 일행은 그저 뒤처지지 않기 위해 사력을 다해 뒤쫓을 수밖에 없었습니다. 그러니 숙소에 도착했을 때는 너 나 할 것 없이 모조리 초주검이 되었던 것이지요.

먹을거리 또한 충분하지 않았습니다. 정해진 법도대로 하자면 각 고을의 수령이 먹을거리를 준비해 우리를 맞이해야만 했습니다. 그러나 북쪽 고을들 또한 전쟁의 피해를 심하게 입었기는 마찬가지인지라, 그 먹을거리라는 것이 입에 넣기도 민망할 정도로 부실한 경우가 대부분이었지요.

그것은 그나마 나은 편이었습니다. 어떤 고을의 수령은 먹을거리를 들고 나왔다가 도둑에게 털렸다고 하면서 빈손 보이며 고개만 푹 숙이고 있었습니다. 또 어떤 경우는 아예 수령이 나 몰라라 모른 체하고(그중 한 인물은 정권 교체 과정에서 아버지를 도운 공로로 벼슬까지 얻었지요.) 아예 얼굴조차 비추지 않기도 했습니다. 그런 까닭에 얼마 되지 않는 먹을거리는 지위를 따져 위에서 아래로 분배될 수밖에 없었습니다. 그러다 보니 정작 음식을 만들기만 하고 먹어 보지는 못한 하인이 고작 누룽지를 위해 가마솥을 데우다가 졸아 불까지 낸 사태에 이르게 된 것이지요.

나는 그 하인을 용서하기로 했습니다. 지은 죄는 꽤 중했으나 조심하라는 말 한마디 외에는 아무런 처벌도 내리지 않기로 했습니다. 당신이 내 조처를 내심 못마땅하게 여겼다는 것은 잘 압니다. 당신은, 자비심을 베푸는 것도 좋지만 앞날을 고려할 때 기강의 해이 또한 크게 걱정해야 할 문제라고 냉철한 조언을 했지요. 그러나 똑똑한 당신이 잘 몰랐던 게 하나 있습니다. 내가 왜 그 하인을 용서했을까요? 그건, 자비심이 아닌 수치심 때문이었지요.

나는 인간들보다 훨씬 강인한 말도 지쳐 쓰러진다는 사실을 선양 가는 길에서 처음으로 알았습니다. 만주족의 행군 속도를 따라가지 못한 것은 조선의 말 또한 마찬가지였습니다. 아니 다시 말해야 하겠습니다. 모든 문제를 짐승인 말의 탓으로 돌릴 수는 없겠습니다. 행군 속도도 문제였지만 말을 제때 먹이지 못한 탓이 더 컸으니까요. 먹지도 못하고 달리기만 한 말이 견뎌 낼 도리가 있겠습니까? 게다가 짐까지 잔뜩 지고 있으니 그 와중에 쓰러지지 않는 말이 도리어 더 이상한 것이겠지요.

말은 한 마리, 두 마리 차례로 세상을 하직했습니다. 용케 살아

남은 말들도 대부분은 정상이 아니었습니다. 언제 쓰러질지 모를 그 말들을 믿고 선양까지 갈 수는 없었습니다. 그 소식을 들은 경기 수사가 말 스무 마리를 보내왔습니다.

나는 새로 도착한 그 말들을 보면서 아버지가 광해를 내쫓고 인수한 조선이라는 나라에 대해 다시 한 번 깊이 생각해 보게 되었습니다. 스무 마리 중 여섯 마리는 병이 들어 달릴 수도 없는 말이었습니다. 그렇다면 남은 열네 마리는 온전했을까요? 그렇지 않았습니다. 하루 이틀이 지나자 열두 마리가 나자빠졌습니다. 결국 스무 마리 중 두 마리만 제대로 된 말이었던 셈입니다.

황해도에서 보내온 역마 또한 사정은 비슷했습니다. 아니, 오십 마리 중 병든 말은 열다섯 마리에 지나지 않았으니 전보다는 훨씬 나아졌다고 말할 수 있겠습니다. 한숨이 절로 나오는 그러한 과정을 반복하면서 어찌어찌 말의 숫자는 맞추었으나 그것으로 문제가 다 해결되지는 않았습니다.

말들은 갈수록 지쳐 갔습니다. 조선 말 두 마리가 만주족 말 한 마리의 역할도 제대로 해내지 못했습니다. 결국 나는 구왕에게 행군 속도를 좀 줄여 달라고 요청했고, 구왕은 내 건의를 흔쾌히 받아들였습니다. 구왕 덕에 훨씬 편안해진 노정을 소화하며 내가 도대체 무슨 생각을 했겠습니까? 내 아버지의 나라 조선은 다이칭 구룬에게 대패할 수밖에 없었다는 그 당연한 결론 말고 내가 도대체 무슨 생각을 했겠습니까?

하나둘 죽어 나가는 사람들과 시도 때도 없이 길에서 마주친 시신들에도 조금씩 익숙해지기 시작한 내가 결국 더 견디지 못하고 며칠 뒤부터 미약한 토사곽란 증상에 시달리기 시작했다는 건 가까이 있었던 당신이 가장 잘 알 테니 굳이 더 설명할 필요도 없을 것이고요.

존의 이야기는 예기치 못한 시점에서 갑자기 끝났습니다. 존은 내게 당신이 가져다준 조선의 배는 정말로 달고 시원했다고 말했습니다. 그 배를 먹었기에 자리를 털고 일어나서 남은 날들을 버티어 낼 수 있었던 거라고 말했습니다. 자신이 말해 놓고 깜짝 놀라는 표정을 지었던 존은 이내 자리에서 일어나 허리를 굽히고는 죄송하다고 말했습니다. 자기도 모르는 사이에 나를 자신의 이야기 깊숙이 밀어 넣어 버리는 실례를 범했다고 말했습니다.

나는 빙긋 웃었을 뿐 아무 말도 하지 않았습니다. 그러고는 어제 읽었던 경전의 유난히 슬펐던 문장, 그래서 밑줄까지 그어 가며 여러 번 읽었던 문장, 그래서 아예 머릿속에 넣어 버린 문장을 떠올렸습니다.

여자에 빠지거나 사냥에 빠지거나 술을 좋아하거나 음악을 즐기거나 집을 높이 짓거나 담장을 꾸미거나 하는 일들 중 단 한 가지에만 빠져도 망하지 않는 이가 없으리라.

나는 그 문장을 존에게 들려주었습니다. 눈을 감고 무엇인가를 생각하던 존은 다시 눈을 뜨고는 그의 머리에 떠오른 문장을 내게 들려주었습니다.

먹고 마시지 않는 사람은 없으나 진실로 그 맛을 아는 사람은 드물고도 드물구나.

존은 내가 그 문장을 음미하도록 잠시 기다렸다가 이렇게 말했습니다.

그러니까 결국은 아지가 문제였던 것입니다.

그러나 존은 곧바로 자신의 말을 번복했습니다.

아, 아니지요, 그게 아니지요, 사실은 다 내 탓이지요.

아, 나는 정말로 먹을 것을 밝히는 아이였지요.

어느새 옆자리에 앉아 존의 이야기에 귀를 기울이던 늙은 주인이 자리에서 일어나 주방으로 갔습니다. 그는 기이하고 훌륭한 이야기를 들려준 것에 대한 서비스라며 아이스 홍시를 내놓았습니다. 그런데 존은 홍시를 보자마자 손으로 입을 막고는 화장실로 향했습니다. 뜻밖의 사태에 나도 주인도 함께 당황했습니다. 잠시 후 다시 자리로 돌아온 존은 홍시 따위는 먹고 싶지 않다고 그다지 정중하지도 않은 말투로 주인에게 자신의 의사를 단호하게 밝혔습니다.

결국 존의 홍시는 내가 먹었습니다. 딱히 홍시를 좋아하는 것은 아니었습니다. 서비스로 준 홍시를 남기는 건 주인의 호의에 대한 정당한 대응은 아니기에, 나는 이가 시린 것도 참아 가며 두 개의 홍시를 빠른 속도로 먹어 치웠습니다. 그러는 동안 존은 죄지은 사람처럼 고개를 푹 숙이고 있을 뿐이었습니다.

우리가 밖으로 나오자 카페의 불은 감정 상한 주인의 속내를 반영하듯 곧바로 꺼졌습니다. 매미 우는 소리도 들리지 않는 여름밤의 거리는 조용했습니다. 자정이 가까워진 버스 정류장에는 버스도 없었고, 오가는 사람도 없었습니다. 아주 잠깐 이 세상에 존과 나 오직 둘만이 남아 있다는 느낌이 들었습니다. 주위를 두리번거리던 존은 사오 미터 떨어진 곳에 있는 편의점을 가리키며 정중하게 말했습니다. 오늘은 이대로 헤어지고 싶지 않습니다. 저곳에서 이야기를 조금 더 나누어도 되겠습니까?

나는 생각도 하지 않고 곧바로 고개를 끄덕였습니다. 내 가족도 없는 텅 빈 집에서 물 한 잔 떠다 놓고는 경전 따위나 펼쳐 읽고 그마저 질리면 리모컨으로 티브이 채널만 이리저리 옮기며 뜬눈으로 밤을 새우다 아침이 되어서야 곯아떨어지는 일을 반복하고 싶지는 않았습니다.

그보다는 차라리 이 시대의 그 어느 공무원보다도 더 성실한 공무원처럼 보이는 존, 성실한 이야기꾼이라는 특출한 특성까지 지닌 존, 나를 당신이라 부르는 추레하고 야윈 존, 오래전 어느 날 나와 함께 살았다고 믿는 존과 함께 시간을 보내는 것이 백배는 더 나을 것 같았습니다.

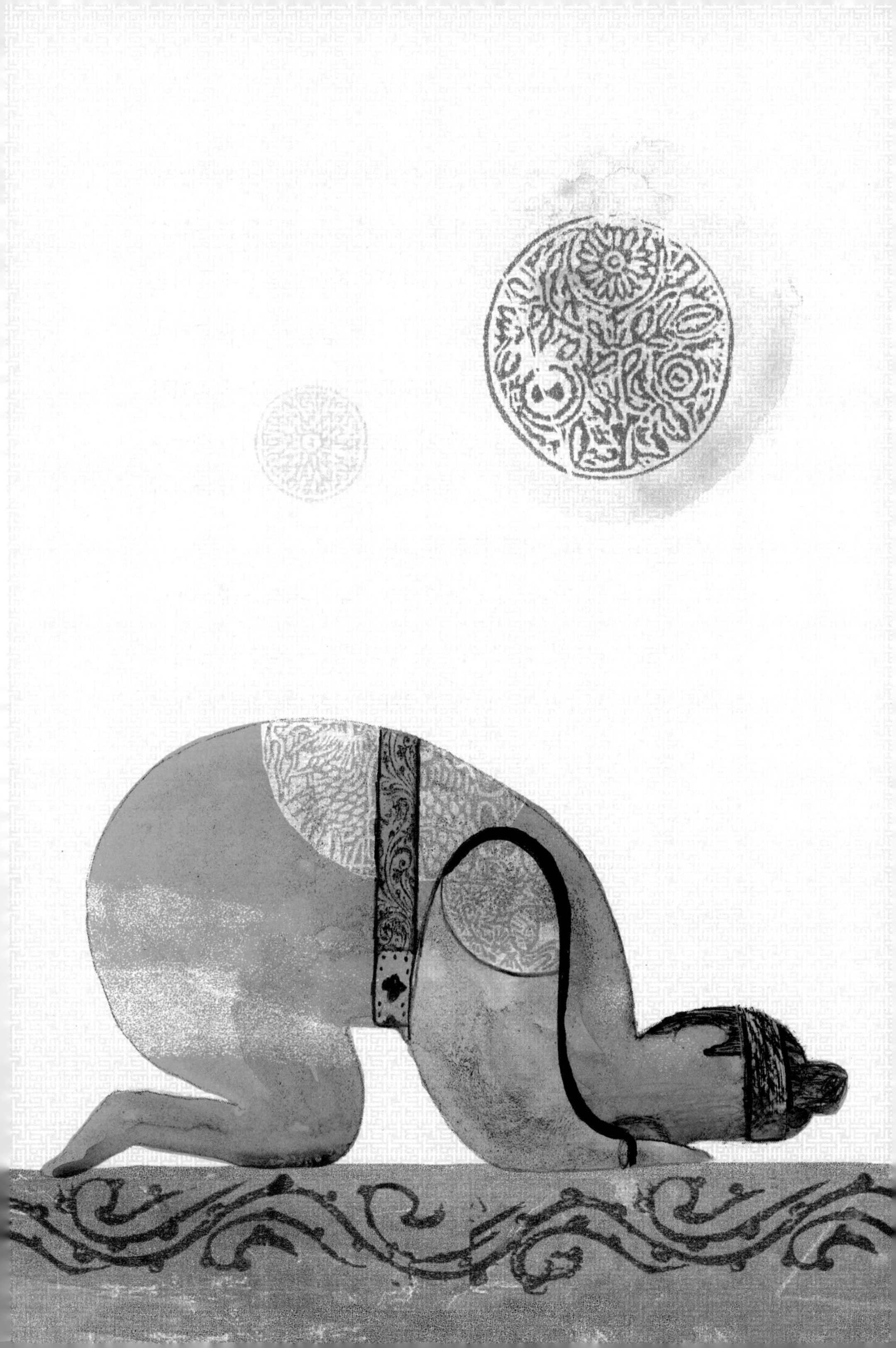

산성에서 깨달은 공부 2

까마득한 날에
하늘이 처음 열리고
어데 닭 우는 소리 들렸으랴

폭염 경보가 발령된 삼경의 편의점에서 나와 존은 컵라면을 먹었습니다. 컵라면을 먹고 싶어 했던 것은 존이었습니다. 그의 작은 눈빛이 워낙 간절했기에 고개 젓고 외면하기가 쉽지 않았습니다.

사실 나는 별로 배가 고프지 않았습니다. 아이스 홍시 두 개를 혼자서 다 먹은 이유도 있겠지요. 게다가 라면이라면 지겨웠습니다. 먹고 싶지 않지만 어쩔 수 없이 하루 한 끼는 꼭 먹게 되는 음식이었으니까요. 그럼에도 편의점 구석에서 존 혼자 컵라면을 먹게 방치하는 것은, 조금 거창하게 말해서 이 나라 역사에 죄를 짓는 느낌이 들었습니다. 그래서 결국 컵라면 두 개를 샀고, 편의점 구석에 존과 나란히 서서 먹었습니다.

컵라면을 다 먹은 후 내가 고른 생수와 존이 고른 인삼 드링크를 손에 들고 계산대로 가져가던 나는 존에게 더 필요한 게 없느냐고 묻기 위해 잠시 고개를 돌렸습니다. 그때 뜻밖의 광경을 목격했습니다. 존이 전에 볼 수 없었던 재빠른 동작으로 초코파이 한 개를 집어 바지 주머니에 넣는 장면을 본 것입니다.

당황한 나는 고개를 돌려 직원(아마도 아르바이트생이었겠지요.)의 표정부터 확인했습니다. 한 손에 휴대폰을 들고 열심히 문자 메시지를 주고받던 직원은 내가 계산대 앞에 선 후에야 천천히 고개를 들었습니다. 그가 음료수 값을 계산하는 사이, 존은 정중하다기보다는 조심스럽게 문을 열고 밖으로 나갔습니다. 나는 직원에게 초코파이도 함께 계산해 달라고 했습니다. 직원은 이유는 묻지도 않은 채 고개만 끄덕였습니다. 잠시 후 나는 음료수가 든 봉지를 들고 편의점을 빠져나왔습니다.

존은 차도 한가운데에 두 팔을 양옆으로 벌리고 서 있었습니다. 음주 여부를 조사받는 미국 운전자 같은 모습이었습니다. 다니는 차는 거의 없었습니다. 그래도 차도는 차도였기에 조금 위험해 보였습니다. 그러나 나는 아무런 행동도 취하지 않았습니다. 편의점 앞에 놓인 녹색 플라스틱 의자에 앉아 존을 지켜보았을 뿐입니다.

조금 떨어진 곳에서 보니 존은 무척 왜소해 보이는 사람이었습니다. 곁에 있을 땐 느끼지 못했던 사실이었습니다. 존은 오 분 정도 지난 후 몸을 돌려 다시 편의점 앞으로 걸어왔습니다. 시간은 얼마 안 지났지만 존은 그사이 무척 지쳐 보였습니다. 게다가 더 야위고 추레해진 것 같았습니다. 실제로 그럴 리는 없겠지만 내게는 그렇게 보였다는 뜻입니다.

플라스틱 의자에 몸을 던지다시피 기대앉은 존은 산성에는 결코 오고 싶지 않았다고, 그답지 않게 단도직입적으로 말했습니다. 나는 고개를 끄덕였습니다. 그의 말은 타당했습니다. 누구에게나 꺼려 하는 곳은 있기 마련이니까요. 그럼에도 그 장소가 머리에 떠오를 때마다 가 보지 않고는 견딜 수가 없는, 그런 애증의 장소가 누구에게나 꼭 있기 마련이니까요. 내게는 바다가 그랬습니다.

존은 목을 쭉 빼고 행궁 쪽을 바라보았습니다. 나는 존이 잘 볼 수 있도록 의자를 살짝 뒤로 빼서 앉았습니다. 내 머릿속에 낮에 보았던 내행전의 모습이 떠올랐습니다. 내행전에는 거실 공간 외에 두 개의 방이 더 있었습니다. 왼쪽 방은 존의 아버지 방이었고, 오른쪽 방은 존의 방이었습니다. 나는 건물 앞을 오가면서 두 방을 번갈아 보았습니다. 왜 그랬는지는 설명하기 어렵습니다. 그저 그런 행동을 반복했을 뿐입니다.

존이 자신의 운명적 장소와 눈싸움을 벌이는 동안 나는 분홍 배낭을 손으로 어루만졌습니다. 한참 어루만지다가 지퍼를 열어 메모장을 꺼냈습니다. 표지에 분홍색 키티가 그려진 메모장이었지요. 표지를 넘겼더니 표지와 비슷한 키티가 나를 보며 웃었습니다. 내 가족이 그린 키티를 한참 보다가 메모장을 다시 배낭에 넣었습니다.

존이 입을 연 것은 내가 생수 한 모금을 마셨을 때였습니다. 존은 나지막하면서도 정중한 목소리로 이야기를 시작했습니다. 산성에는 닭 우는 소리도 들리지 않았다는 문장으로 이야기를 시작했습니다.

닭 우는 소리도 더 이상 들리지 않게 된 어느 새벽, 눈을 감으면 줄도 서지 않고 곧바로 달려드는 수십 가지 상념에 도무지 잠을 이룰 수 없어 아예 자리를 박차고 나와 고요하고 쓸쓸한 산성을 홀로 건던 나는 서장대를 조금 지난 성벽 근처에서 보초 병사의 잔뜩 지친 뒷모습과 마주쳤습니다.

창을 든 그는 성가퀴에 비스듬히 기대고 서 있었습니다. 적에게 노출된 머리를 보호할 생각도 아예 없는 듯했습니다. 아직 전쟁 중임에도 이미 패배를 온몸으로 받아들이고 있는 그 서글픈 뒷모습을 보며 전쟁 전에 황제가 마지막으로 보냈던 문서를 떠올렸습니다. 황제는 나를 인질로 넘겨줄 것을 요구하며 이렇게 썼지요.

너희들이 산성을 많이 쌓았다는 소식을 들었다. 대단한 일이다만 이 전쟁에서 산성이 도대체 무슨 소용이 있겠는가? 나는 당당히 큰길로 갈 것인데, 너희들은 산성에 처박혀서 나를 막을 생각이냐? 너희들이 하는 짓거리를 보건대, 활과 창은 아예 잡아 본 적도 없는 책상물림 선비들이 분명하구나. 자, 도대체 어떻게 할 것이냐? 붓을 산처럼 쌓아서 나를 막을 생각이냐?

나는 그 문서가 도착했을 때 곧장 황제에게 달려가야만 했습니다. 혹여 만류하는 이들이 있다면 다 뿌리치고 황제에게 나아가 차가운 바닥에 납작 엎드리고 머리 세게 박으며 항복했어야 했습니다. 그것이 내 직분에 어울리는 유일하게 정의로운 행위였습니다. 당신도 잘 알다시피 나는 그렇게 하지 못했습니다. 이유는 오직 하나, 내가 어리석었기 때문입니다. 공부도 잘 못하고 안 하는 아이였던 나는 머리 또한 매우 우둔했기 때문입니다.

게다가 그때까지도 나는 아버지를 믿었습니다. 어수당에서 뱃놀이를 즐기면서 보았던 아버지의 군주다운 강한 자신감을 믿었습니다. 그런 아버지이니만큼 압도적인 무력을 자랑하는 만주족을 막기 위한 아버지 나름의 정밀하고 절묘한 계책이 분명 존재하리라고 굳게 믿었습니다.

그러나 아버지의 자신감은 강화도로 피난 가려다가 길이 막혀서 어쩔 수 없이 발길을 돌려 남문을 통해 산성에 들어온 그 순간부터, 아니 궁궐 문 앞에서 도무지 어느 쪽으로 가야 할지 몰라 허둥지둥하던 그 순간부터 연기가 되어 완전히 사라졌습니다.

냉정히 말하겠습니다. 아버지는 두려움에 떠는 범인*에 지나지 않았습니다. 경전도 제대로 읽지 않은 채 요행만 바라고 과거장에 들어선 풋내기 응시자에 다름없었습니다. 그러니까 하늘과 명분

범인(凡人) 평범한 사람.

과 운에 모든 것을 맡기려던 지극히 평범하고 오활한 사람이 도망자의 선두에 선 조정이었던 것입니다.

그러니 그 이후의 날들에 대해 더 말할 게 도대체 뭐가 있겠습니까? 그저 이미 예정되었던 고난, 또 고난만이 차례로 다가와 무방비 상태인 우리 등을 죽비로 세게 가격했을 뿐이지요.

문자 그대로 코앞까지 다가온 적을 피해(그것도 최명길이 단독으로 적을 만나 항복 조건들을 내세우며 시간을 끌었기에 가능했던 일이지만 말입니다.) 하도 급박하게 산성에 들어오느라, 우리는 청계천 다리 밑 거지 떼보다 하나 나을 게 없는 처지였습니다. 심지어는 국왕인 아버지가 덮고 잘 이불 한 채도 없었습니다. 준비성 많은 종친이 싸 들고 온 산양 가죽 이불이 아니었다면 아버지는 차가운 바닥에서 눈을 붙여야 했을 것입니다.

음식 또한 부족하긴 마찬가지였습니다. 아버지는 밥 한 그릇과 닭다리 하나만으로 끼니를 해결했습니다. 밥, 국, 찌개, 고기 조림, 생선 구이, 회, 젓갈, 동치미 등이 차려진 십이첩 수라상을 받고도 먹을 게 없다며 얼굴 찡그리던 아버지에게는 견디기 힘든 수난이었지요.

하지만 고기를 입에 넣을 수 있었던 호사도 처음 며칠뿐이었습니다. 산성에서 닭 우는 소리가 사라진 후 아버지는 맨밥만 먹었습니다. 닭 우는 소리와 함께 산양 가죽 이불도 사라졌습니다. 그건 바로 하늘 때문이었지요. 공명정대한 하늘은 계절에 어울리는 두툼한 함박눈으로 우리를 환영했습니다. 병사들은 지옥 불을 본 것 같은 표정을 지었습니다. 한데서 자는 그들에게 눈은 죽으라는 것과 똑같은 말이었습니다.

무기력한 아버지가 하늘을 이길 도리는 없어 보였습니다. 그래도 임금이긴 하니 무언가 하기는 해야 했지요. 아버지는 병사들에게 이불을 하사한 후 그날 밤부터 옷을 입은 채로 잠을 잤습니다. 그 이불이 병사들에게 실질적으로 얼마나 도움이 되었을지는 잘 모르겠습니다. 이불의 크기를 고려할 때 아무리 잘 잘랐다고 해도 기껏해야 병사 대여섯 명의 추위만 조금 막아 주었겠지요.

그럼에도 성은에 감사하는 소리는 행궁을 가득 채웠답니다. 그 공허한 감사의 소리들이 안 그래도 토사곽란으로 예민해져 있던 내 속을 얼마나 더 박박 긁었는지는 굳이 말할 필요가 없겠지요.

단순히 전투의 승패만 계산한다면 이긴 건 우리 쪽이었습니다. 산성에서 치른 전투에서 우리는 몇 번이나 승리를 거두었습니다.

날이 어둑해지기를 기다렸다가 성문을 빠르게 열고 나아가 적군 일이십 명을 죽이고서는 재빨리 귀환하는 식의 전투에서 얻은 승리였지요. 냉정히 말하자면 그런 치고 빠지는 전투에 승리라는 용어를 갖다 붙이는 것은 심히 민망한 일이었습니다.

무엇보다도 적군은 우리의 기습 공격에 제대로 맞서 싸우는 시늉조차 하지 않았습니다. 무리에서 떨어져 고립된 일이십 명의 동료들이 창과 칼에 찔려 죽는 것을 먼발치에서 지켜만 보았을 뿐이었지요. 그들은 자기 무리(동료 내지 무리라는 표현에는 문제가 좀 있습니다. 최전방에 배치된 그 동료 내지 무리의 절반은 조선인이었으니까요.) 일이십 명쯤 죽는 것은 아무 상관도 없다는 식의 믿을 수 없는 태도를 취했던 것입니다.

만주족의 대범한 전략은 효과를 거두었습니다. 승리를 거둔 것은 우리였는데 이상하게도 그 승리는 쾌감과 기쁨이 아닌 절망과 공포를 몰고 왔던 것이지요. 동료들의 죽음에도 꿈쩍 않고 그저 지켜보기만 하는 저들을 물리치기는 절대 불가능하다는 절망, 거기다가 아무리 버티고 싸워도 단 한 명의 원군도 오지 않는다는, 아니 올 원군이 있더라도 저들의 두꺼운 포위망을 뚫고 산성에 도달할 수 있는 방법이 없다는 사실의 인지가 가져온 절망이 전군을 감쌌습니다.

그 절망과 공포는 결국 사달을 일으켰습니다. 반정의 일등 공신으로 산성에 들어온 후로는 체찰사를 맡고 있던 김류가 수백 명의 병사를 이끌고 북문 밖으로 나아간 것입니다. 지금껏 지켜보기만 하던 적들은 김류에게 쓴맛을 제대로 보여 주었습니다. 어디선가 나타난 적들은 순식간에 우리 병사들을 에워쌌고 죽였습니다. 간신히 살아 돌아온 김류는 자신을 적진에서 구해 낸 부관부터 칼로 베어 죽였습니다. 그러고는 아버지에게 적의 반격에 맞서 싸우다가 수십 명의 병사들을 잃었다고 보고했습니다. 그러나 실제로 죽은 병사가 수백 명에 이른다는 사실을 모르는 이는 성안에 아무도 없었지요. 하지만 아버지는 그저 고개만 끄덕거렸을 뿐입니다.

단 한 번의 패배 이후 하늘은 절망과 공포를 효과적으로 가중시키는 조연의 역할을 기꺼이 담당했습니다. 계절에 어울리는 눈과 비와 바람을 끊임없이 퍼부음으로써 병사들을 더 힘들게 만들었습니다. 얼어붙은 옷은 적의 창과 화살보다도 몇 배는 더 위협적이었습니다. 결국 아버지와 나는 외행전의 차가운 뜰에 엎드려 생사여탈권을 쥐고 흔드는 하늘에 간절히 빌었습니다.

죄를 지은 건 우리 부자(父子)입니다.

병사들과 백성에겐 아무런 죄도 없습니다.

하늘이시여, 부디 우리 부자에게 죄를 내리소서.

날을 개게 해 주시어 저들을 살려 주소서.

몇 시간 동안 계속해서 빌고 또 빌었더니 날이 갰습니다. 바람은 줄어들고 기온도 조금 올랐습니다. 이번에는 신하들이 엎드려 성은의 망극함을 외쳤습니다. 그 과도한 칭송의 말을 듣는 내내 고개를 들지 못할 정도로 부끄러웠습니다.

공부를 못하기도 하고 즐기지도 않는, 어리석은 내가 보기에도 그건 원인과 결과를 잘못 연결 지은 심각한 논리적 오류였습니다. 공부 좀 제대로 하라고 나에게 소리 없는 호통을 치던 그들이 눈은 언젠가는 그치기 마련이고, 바람은 그 세기가 변하기 마련이고, 내려간 기온은 필연적으로 다시 오르기 마련이라는 기본적인 상식조차 갖고 있지 못했습니다.

며칠 후 다시 눈이 내리고 바람이 세게 불면 신하들은 도대체 뭐라고 할까요? 그날 밤 행궁에 있던 이들은 갑작스럽게 날아든 포탄으로 혼비백산했습니다. 적이 쏜 포탄이었지요. 그러니까 적은 마음만 먹었다면 언제든 우리를 죽일 수 있었던 것입니다. 내가 성 밖으로 나가야겠다고 처음 마음먹은 것은 아마도 그때였을 것입니다.

'하늘'의 도움으로 붕괴의 위기를 일단 넘긴 아버지는 드디어 작전이라는 것을 썼습니다. 적들의 동태를 살피기 위해 사신을 보낸 것이지요. 사신은 은으로 된 상자에 술과 고기를 잔뜩 넣어서 용골대에게 가져갔습니다.

그렇습니다. 그건 아버지다운 허세였지요. (차마 이 행동에 자신감이라는 단어를 사용하지는 못하겠습니다.) 우리는 성안에서 잘 먹고 잘 살고 있으니 너희가 포위하고 위협해도 아무 상관 없다고 말하는 것이었지요. 이대로 성안에서 일 년이고, 이 년이고, 십 년이고 버틸 수 있다고 우기는 것이었지요.

용골대는 은 상자를 돌려보내며 이렇게 말했다고 합니다. 날마다 소와 돼지를 잡아 잔치를 벌이는 우리에게 그깟 고기 쪼가리가 무슨 소용이 있겠는가? 너희가 제대로 먹지 못한 지 이미 오래라는 걸 잘 알고 있으니, 가져가서 싸우지들 말고 사이좋게 나눠 먹도록 해라.

전투는 그것으로 끝이었습니다. 전투 없는 대치가 한동안 이어졌습니다. 그러나 공격하는 자와 수비하는 자의 우열이 너무도 확연한 그 대치가 영원할 수 없다는 걸 가장 잘 알고 있는 사람은 똑똑한 내 아버지였지요. 들판을 비우고 성에 틀어박혀 적이 물러가기만을 바라며 버티고 또 버티는 청야수성*의 시대는 이미 오래전에 끝났다는 사실을 아버지는 그 누구보다 잘 알고 있었지요.

모든 것을 다 아는 아버지는 정작 무엇을 했던가요? 산성에 있는 절 개원사에 다녀왔습니다. 개원사에 모신 할아버지의 초상에 절하고 빌었습니다. 풍전등화의 위기에 처한 나라를 구해 달라고 이미 죽은 지 오래인 할아버지에게 빌고 또 빌었습니다. 나도 아버지를 따라 열심히 빌었으나, 당신도 알다시피 그건 참 민망하고 우스운 일이었지요.

내 할아버지인 정원군은 배다른 형제인 임해군, 순화군과 함께 개망나니 중의 개망나니로 이름을 날렸던 이였습니다. 양민을 납치해 노비로 삼았고, 양반이라도 마음에 들지 않으면 하인들을 동원해 마구잡이식 폭력을 가하던 이였습니다. 임진년 왜란이 일어

청야수성(淸野守城) 주요 성을 지키면서 적군의 진격을 저지하고, 적군이 현지에서 식량을 조달하지 못하도록 적군의 보급선을 막거나 농작물을 불태워 없애는 것.

났을 때에는 왜놈들에게 조선군의 정보를 알려 주고 뒷돈을 받았다는 소문까지 있었던 이였으니, 소소한 비행은 무시한다고 쳐도 절대 공경할 만한 분이 아닌 것은 분명합니다.

패주 광해가 아버지를 전혀 경계하지 않았던 것도 바로 정원군의 존재 때문이었지요. 서인들이 아무리 자신을 미워하더라도 설마 정원군의 자식에게 왕 자리를 넘겨주리라고는 생각도 하지 못했기 때문이었지요. 바로 그 정원군에게 아버지와 나는 풍전등화의 위기에 처한 나라를 당신의 신력을 발휘해 구해 달라고 빌고 또 빌었던 것이지요.

그 씁쓸하고 처량하면서도 희극적이었던 행사를 마친 우리가 행궁으로 돌아오면서 본 것은 한 무리의 까치였습니다. 함께 갔던 신하들이 내질렀던 환호성을 나는 똑똑히 기억합니다. 길조인 까치가 오래간만에 산성에 잔뜩 나타났으니 조만간 좋은 일이 있을 것이라면서 연극하듯 과도하게 기뻐하던 신하들의 음성과 몸짓을 나는 똑똑히 기억합니다. 과연 까치 떼는 좋은 일을 몰고 왔을까요? 현실은 정반대였지요. 하루에 한 끼밖에 안 먹었음에도 창고에 쌓아 놓았던 식량은 다 떨어져 바닥을 드러냈고, 땔감조차 구하기 어려워서 결국엔 개원사 행랑까지 헐어 버렸습니다.

그 와중에도 신하들의 아귀다툼이 끊이지 않았던 건 당신도 잘 알고 있겠지요. 항복해야 한다는 측과 절대 그럴 수 없다는 측은 참으로 팽팽했지요. 제대로 먹지도 못해 목청조차 높이기 어려운 상황인데도 주화파와 척화파 양측의 논전은 참으로 팽팽했지요. 항상 원점으로 회귀하는 그들의 지독한 대립을 먼발치에서 지켜보던 나는 결국 더 견디지 못하고 그들 앞에 나서서 산성에 들어온 후 처음으로 큰소리를 냈습니다. 그만들 해라. 너희들 때문에 우리가 다 죽게 생겼다.

보초의 절망적인 뒷모습을 보고 온 바로 그날 아침, 마침내 성 밖으로 나가겠다는 결심을 했습니다. 저들이 원하는 바가 무엇이건 하나도 거절하지 않고 다 들어주기로 했습니다. 나는 당신을 불러 내가 부르는 것을 받아 적게 했습니다.

태산이 이미 새알 위에 드리웠는데, 이 나라를 도대체 누가 지키겠는가? 일이 급박해도 너무나 급박해졌다. 나에게는 동생도 있고 아들도 있다. 내가 죽는다 하더라도 무슨 유감이 있겠는가? 내가 성에서 나가겠다는 뜻을 저들에게 전하라.

그다음에 일어난 일은 당신 또한 잘 알고 있을 테니 더 말할 필요가 없으리라 믿습니다. 사소한 갑론을박이 있기는 했지만 결과는 이미 정해진 것이나 마찬가지였지요. 여태껏 피 튀기며 싸웠던 척화파와 주화파는 형식적인 다툼과 의례적인 눈물로(내 주관적인 심정을 담아 말하자면 '단번에') 내 출성과 선양행을 결정지었습니다. 당신이 목소리를 높였으나 내 측근으로 분류되는 아직 젊은 당신의 목소리에 귀 기울이는 이는 거의 없었지요.

큰 틀이 정해지자 나머지는 일사천리였습니다. 며칠 후 아버지와 나는 함께 말 타고 산성의 서문으로 나왔고, 삼전도에 도착했고, 삼배구고두의 항복 의식을 치렀습니다. 국왕인 아버지는 조선에 남았고, 세자인 나는 선양으로 떠났습니다. 몇 달 전에 떠나야 마땅했던 그 길을 너무도 늦게 걷게 되었던 것입니다.

혹여 오해가 있을까 싶어 다시 말하겠습니다. 나는 나 말고 다른 누구도 비난할 생각이 없습니다. 그러니 내가 아버지며 신하들을 비난한다고 여기지는 마십시오. 일을 상세히 살펴보다 보니 어쩔 수 없이 나온 말들이었습니다. 모든 건 다 내 잘못이었습니다. 공부도 못하면서 뱃놀이와 잔치에 눈이 멀었던 내 잘못이었지요. 나는 두려움에 놀라 할 일을 망각해 버린 정말로 비겁한 아이이기도 했지요.

존의 이야기를 듣는 동안 내 머리에 반복적으로 떠올랐던 건 이육사 시인의 〈광야〉였습니다.

까마득한 날에
하늘이 처음 열리고
어데 닭 우는 소리 들렸으랴

이렇게 시작하는 그 유명한 시 말입니다. 우리 역사상 가장 암울했던 장소에 있으면서 하필 태초의 장엄한 순간을 다룬 그 시가 떠올랐던 건 존의 이야기에 '닭 우는 소리'가 등장했기 때문일 것입니다. 맹세컨대 그것 말고 다른 이유는 하나도 없습니다.

존이 이야기를 다 마치자 산성은 완전한 침묵과 어둠에 잠겼습니다. 편의점도 문을 닫은 그 시각, 무슨 일인지 가로등도 다 꺼져 버려 어둠이 만주족처럼 완벽하게 장악하고 있는 산성엔 우리 말곤 아무도 없었습니다.

아니, 그렇지는 않았습니다. 자세히 보니 그렇지는 않았습니다. 나는 손에 횃불을 들고 행궁에서부터 내려오는 한 무리의 사람들을 보았습니다. 제일 앞에 선 이는 존의 아버지였습니다. 나는 역사책에도 실려 있지 않은 그 사람의 얼굴을 단번에 알아보았습니다. 눈, 코, 입, 귀 다 큼지막해서 내 곁의 존과는 하나도 비슷하지 않았지만, 언뜻 보기엔 제법 귀티 나 보이는 그 사람이 바로 존의 아버지라고 보자마자 확신을 했습니다.

존이 그 사람 뒤를 따랐습니다. 존은 내 곁의 존보다 더 야위고 추레해 보였습니다. 신하들이 존의 뒤를 따랐습니다. 하인들과 병사들이 신하들의 뒤를 따랐습니다. 담담한 마음으로 행렬을 지켜보던 나는 하마터면 소리를 지를 뻔했습니다. 행렬의 마지막엔 백성도 있었는데 그들 중에 내 가족이 있었습니다. 분홍 배낭을 멘 아이와 아이 손을 꼭 잡고 걷는 아내가 있었습니다. 그들은 무척 지쳐 보였습니다.

그러나 나는 내 가족을 보고 소리를 지르지도 못했고, 그들에게 다가가 손을 뻗지도 못했습니다. 나는 번개 맞은 사람처럼 소리를 낼 수도, 움직일 수도 없었습니다. 병에 깊이 사로잡혔던 상태의 존처럼 입 한 번 뻥긋하지 못하고 그저 손발만 덜덜 떠는 동안 행렬은 내 앞을 지나 어둠 속으로 사라졌습니다.

그들이 보이지 않게 된 후 나는 무엇을 했던가요? 차도 한가운데에서 양쪽으로 팔을 벌리고 섰습니다. 존이 그랬던 것처럼 말이지요. 존은 행궁 쪽을 보고 섰지만 나는 반대쪽을 보고 섰다는 점만이 달랐습니다. 사방이 캄캄했습니다. 전기도 들어오지 않는 절해고도*에 홀로 선 느낌이었습니다.

사람들이 사라진 쪽에서 한 줄기 바람이 불어왔습니다. 그 바람에선 이상하게도 바다 냄새가 났습니다. 파도치는 소리가 들리는 것도 같았고, 새 우는 소리가 들리는 것도 같았고, 노 젓는 소리가 들리는 것도 같았습니다. 그러나 내가 맡은 냄새와 내가 들은 소리는 모두 다 미약했습니다. 조금씩 줄어들던 냄새와 소리는 완전히 사라져 다시 완벽한 무취와 침묵의 어둠만이 남았습니다.

갑자기 비가 퍼부었으면 좋겠다는 생각이 들었습니다. 비라도 마구 퍼부어 뜨거워진 내 온몸을 적셔 주었으면 좋겠다는 생각이 들었습니다. 그러나 하늘은 여전히 내 편이 아니었습니다. 비는 단 한 방울도 내리지 않았습니다.

나는 눈을 꼭 감았습니다. 낮에 보았던 산성의 북쪽 문을 소개하는 문장이 떠올랐습니다. 정조는 산성을 보수하면서 북문에 전승문(全勝門)이라는 이름을 붙였다고 했습니다. 혹자는 승리에 대

절해고도(絕海孤島) 육지에서 멀리 떨어진 외딴섬.

한 갈구라고 표현하겠지만, 내게 그 이름은 기괴한 악취미로밖에는 보이지 않았습니다. 그 문을 열고 나가 싸우다가 대패했는데 전승이라는 이름을 붙이다니요. 여전히 눈을 감은 채로 나는 광야의 첫 부분을 입으로 소리 내어 보았습니다.

까마득한 날에 하늘이 처음 열리고 어데 닭 우는 소리 들렸으랴.

그 시작 부분을 입으로 크게 소리 내어 보았습니다. 아, 아무것도 보이지 않는 길 한가운데에 선 나는 역사에 절망했을 당시의 시인이 왜 그렇게 노래했는지 그 이유를 알 것 같았습니다. 내 부족한 언어로 정확히 표현할 수는 없지만 나는 마음 깊은 곳에서부터 시인이 그렇게 노래한 이유를 알 것만 같았습니다.

나는 그 자리에 주저앉았습니다. 누군가의 손이 내 어깨를 살짝 잡았습니다. 나는 눈을 뜨지 않고도 누구의 손인지 알 수 있었습니다. 존이었습니다.

그때 닭 한 마리가 울었습니다.

광장에서 몸으로 느낀 공부

일그러진 불빛이
날 조롱하듯 비웃는
나의 고향 서울을
문득 바라본다

우리는 세계 역사상 유례없는 속도로 고도성장했다고 알려진 도시의 중심부에 자리 잡은 광장으로 갔습니다. 폭염 경보가 내려진 도시의 광장은 아직 정오가 되지 않았음에도 잔뜩 달아올라 있었습니다. 날씨 때문이겠지만 사람의 영향도 무시할 수는 없었지요. 수십 명의 사람들이 손팻말을 들고 잔디밭에 앉아 있었고 그보다 두세 배는 되는 경찰들이 몇 미터 앞에서 방패를 들고 그들을 지켜보았습니다. 나는 조용하면서도 뜨거운 대치를 지켜보면서 존이 전에 했던 이야기의 한 장면을 떠올렸습니다.

고기를 베어 던져 주는 황제의 커다란 털북숭이 손과 혀를 쭉 내민 채 고기가 떨어지기만을 기다리는 개의 갈급한 두 눈! 내게 그것은 솜씨 좋은 화원이 그린 한 폭의 정교한 풍속화처럼 보였습니다.

왜 하필 그 장면이 떠올랐는지 모르겠습니다. 광장엔 황제도, 개도, 고깃덩어리도, 이민족과의 전쟁도, 승리도, 패배도 없었는데 말입니다. 상념에 빠진 내 눈에 존의 모습이 보였습니다. 존은 손 팻말을 들고 있는 어느 젊은 여인에게 다가가더니 초코파이를 건넸습니다. 잠깐 의아해하던 여인은 이내 웃으며 초코파이를 받았고, 존은 허리까지 굽혀 인사를 한 후 내 곁으로 왔습니다.

그 후 우리는 외국인 관광객 모드로 변신해 광장을 둘러보았습니다. 존은 세종대왕이나 이순신 장군 동상 같은, 광장을 대표하는 거대한 구조물에는 별다른 관심을 보이지 않았습니다. 광장에서 정면으로 보이는 고궁, 경전에서 따온 그 이름은 참으로 오래되었으나 실상은 새로 지은 건축물이 태반인 고궁만 잠시 바라보았을 뿐입니다.

임진년 전쟁 때 불에 타서 폐허가 되었다가 고종의 아버지인 대원군이 온갖 무리수를 두어 가며 복원했으며, 일본 제국주의 지배 시대와 한국 전쟁을 거치면서 또 한 번 폐허가 되었다가 몇 해 전부터 복원을 시작해 아직도 진행 중인, 사연이 제법 많다면 많을 수도 있는 그 고궁을 무심한 눈으로 그저 잠깐만 바라보았을 뿐입니다.

다시 뒤돌아서서 잔디밭과 동상들을 지나 반대편 끝까지 걸어갔던 존은 여러 가지 농성을 위해 세워진 허름한 천막 옆자리가 그래도 시간을 보내기에는 가장 적당한 장소로 보인다고 말했습니다. 시원한 커피 한 잔 생각이 간절했던 나는 존의 말에 동의하지는 않았습니다. 그러나 존을 이끌고 길을 건너 카페에 들어가는 것 또한 몹시 번거로운 일이었기에 존의 뜻을 따르기로 했습니다.

우리는 천막 옆 좁고 누추한 그늘에 몸을 붙이다시피 나란히 쪼그려 앉았습니다. 존은 천막의 재질이 궁금한 사람처럼 손으로 한참을 쓰다듬더니 정중한 목소리로 이렇게 물었습니다. 황제가 왜 갑자기 훈허에서 고기 잡는 행사를 열었는지 아십니까?

열기로 가득한 광장에서 신성한 버드나무 숲에 둘러싸인 훈허, 이국의 강 훈허를 생각하는 것은 더위와 피로에 지친 나를 아주 잠깐 동안이나마 상쾌하게 해 주었습니다. 그러나 존이 던진 질문은 지금껏 그가 던졌던 다른 질문들과 마찬가지로 내가 답할 수 없는 것이었습니다. 나는 아무 말도 하지 않고 고개만 저었습니다. 존은 손바닥으로 귀를 막은 채 낮은 한숨을 쉬며 이렇게 말했습니다. 나는 나쁜 사람이었습니다. 그래서 못된 죽음이 죽마고우로 위장해 항상 내 곁을 떠나지 않고 머물렀지요.

선양에 도착하자마자 나는 조선인을 죽였습니다. 척화신* 윤집과 오달제를 저승으로 보낸 것입니다. 그들이 죽었다는 소식을 전한 건 당신이었습니다. 그때 당신이 흘렸던 그 진하고 어두운 눈물을 나는 지금도 생생히 기억하고 있습니다. 다른 사람이 아닌 당신의 눈물이었기에 그 깊은 슬픔은 조금의 왜곡도 없이 그대로 전달이 되었습니다.

내가 이렇게 말하는 이유를 당신은 잘 알겠지요. 산성에서 나오기 전 아버지는 홍문관 교리 윤집과 수찬 오달제를 척화의 주범으로 지목하여 만주족에게 넘겨주었습니다. 그러나 고위 관료들이 모여 처음 작성한 명단에는 당신의 이름도 들어 있었지요.

척화신(斥和臣) 병자호란 때, 중국 청나라와 화친하는 것을 배척한 신하.

그러니까 당신은 내 아버지가 명단에 오른 여러 사람들 중 윤집과 오달제, 두 사람만 콕 집어 낙점하지 않았으면 그들이 죽었던 바로 그날, 그들과 함께 목숨을 잃었을 겁니다. 우리 아버지에게 고마워하라는 뜻은 아닙니다. 어차피…… 아닙니다. 그저 그런 일이 있었다는 것입니다. 생과 사, 그것들이 실은 같은 날 태어난 쌍둥이 형제라는 사실을 안다면 뭐 그리 놀라운 일도 아니지요.

나는 선양에서 윤집과 오달제의 바짝 마른 손 한 번 잡아 보지 못했습니다. 만주족은 그들과의 접견을 허락하지 않았습니다. 그랬기에 나는 그들이 죽었다는 소식을 관소를 대표해 그 참혹한 광경을 지켜보았던 당신을 통해 간접적으로 전해 들을 수밖에 없었습니다.

당신은 그들의 죽음을 길게 묘사하지 않았습니다. 그저 그들이 의연하게 죽었다고 짧게만 말했습니다. 그러나 당신은 그들이 죽기 전에 용골대와 나눴던 대화는 꼭 기억해야 한다면서 상세하게 들려주었지요.

당신은 용골대가 그들을 마지막으로 심문하며 이렇게 회유를 했다고 말했습니다. 너희는 죽어 마땅한 자들이다. 그러나 우리 만주족은 목숨을 귀히 여기니 마지막으로 한 번 더 기회를 주려 한다. 조건은 단 하나다. 가족을 다 불러들여 이곳에서 살도록 해라.

당신은 그들이 별로 생각하지도 않고 곧바로 이렇게 답했다고 말했습니다. 그건 살아도 산 것이 아니다. 우리 소망은 살아서 고국으로 돌아가 가족을 만나는 것이다.

가족을 인질로 만드느니 차라리 죽겠다는 그들의 대답을 들은 당신은 고집불통인 윤집과 오달제를 대신해서 용골대에게 이렇게 빌었다고 말했습니다. 아직 나이가 젊고 가족을 아끼는 마음이 너무나 간절해서 마음에도 없는 소리를 한 것입니다. 부디 은혜를 베풀어 목숨만은 구해 주십시오.

용골대가 아무 말 없이 윤집과 오달제를 한참 동안 바라보았다고 당신은 말했습니다. 죽음마저 두려워하지 않는 윤집과 오달제의 행동에 적잖이 감동을 받은 것이 분명했다고 당신은 말했습니다. 그러나 그에게는 그들을 살려 줄 명목 내지 권한이 전혀 없었다고 당신은 말했습니다.

용골대의 아쉬움 섞인 고갯짓 하나로 그들의 죽음이 결정되었다고 당신은 말했습니다. 오달제와 윤집은 살 수 있는 길이 분명히 있었음에도 가까이에 있는 그 길은 쳐다보지도 않은 채 기꺼이 죽음을 택했다고, 당신은 당신답지 않게 눈물을 철철 흘리며 내게 말했습니다.

당신이 격한 감정 속에서 그들의 죽음을 말하는 동안, 나는 산성을 나오기 전 마지막으로 보았던 그들의 유난히 검고 파리했던 얼굴을 생각했습니다. 그때 이미 죽은 것 같던 그들의 얼굴을 다시 한 번 떠올렸습니다. 아버지는 죽으러 가는 그들을(본인이 콕 집어 낙점한 그들을!) 불러 따듯한 술을 대접하면서 호언장담에 가까운 발언을 했지요. 너희의 가족은 내 목숨이 다하는 날까지 돌볼 것이니 조금도 염려하지 마라.

그들은 고개를 조아리며 성은의 망극함을 칭송했습니다. 똑똑한 그들이 온 나라를 전쟁의 소용돌이에 빠뜨린 장본인인 아버지를 속으로 깊이 존경했는지 어쨌는지는 잘 모르겠습니다. 하지만 그들은 아버지의 다짐만큼은 확실하게 믿었을 것입니다. 자신들의 비참한 죽음이 살아남은 가족에겐 영광과 실리를 모두 보장해주리라, 적어도 그 점에 있어서만큼은 확신을 했다는 뜻입니다.

어쩌면 그들은 내가 생각했던 만큼 똑똑한 이들은 아니었는지도 모르겠습니다. 그들이 마지막 순간까지도 아버지란 이에 대해 잘 알지 못했다는 확고부동한 증거를 나는 하나 갖고 있지요. 아버지는 약속을 지키지 않았습니다. 그들의 유족에게 삼 년 동안

쌀을 지급한 것이 아버지가 베푼 망극한 성은의 전부였습니다.

어쨌건 윤집과 오달제는 의연하게 죽음을 맞음으로써 역사에 길이 이름을 남긴 충신의 반열에 올랐습니다. 하지만 그 과정을 냉정하게 살펴본 이라면 그들의 죽음을 몹시 안타깝게 여길 수도 있겠습니다. 왜냐하면 그들은 죽지 않아도 되었던 이들이기 때문입니다.

그들이 보인 결연한 행동을 의심하려는 뜻은 아닙니다. 그들이 척화를 주장하는 상소를 여러 차례 올린 건 그 누구도 부정할 수 없는 틀림없는 사실이었습니다. 그러나 그건 홍문관 교리와 수찬인 그들의 직무가 그러했기 때문입니다. 그들은 상관 및 동료들의 의중을 파악해 임금에게 정확히 알리는 실무자의 역할을 충실히 수행했던 것뿐이라는 말이지요.

선양에 보낼 척화신을 고를 낙점의 권한이 내게 있었다면 나는 어떻게 했을까요? 조금도 주저하지 않고 예조 판서 김상헌과 이조 참판 정온을 지목했을 것입니다. 산성에서 척화의 기치를 가장 높은 곳까지 들어 올렸던 이들은 바로 그 두 사람이었으니까요. 욕먹을 각오를 하고 가장 모진 언어를 골라서 말하자면 그들 두 사람은 살 만큼 산 사람, 즉 누릴 만큼 누린 사람이었으니까요.

그러나 아버지는 최초 명단에 들어 있던 그 두 사람을 끝내 낙점하지 않았습니다. 이유는 간단합니다. 강직하기로 소문난 두 사람을 선양으로 보내고도 아버지가 조선에서 임금 노릇을 계속할 수는 없었으니까요.

물론 그들이 윤집과 오달제를 자기들 대신 속죄양 삼아 보내고 속 편히 산성에 머무른 것은 아니었습니다. 항복 쪽으로 중론이 모아지자 두 사람은 곧바로 죽으려고 했습니다. 최명길이 쓴 항복 문서를 찢어발긴 바 있던 김상헌은 짐승보다 못한 만주족에게 고개 숙이고 머리 박느니 차라리 죽고 말겠다며 곡기를 끊기도 했고, 허리띠로 목을 매어 자살을 시도하기도 했습니다.

성안에서 죽겠다는 마음으로 결사 투쟁해야 한다고 시종 주장했던 정온은 자신의 칼로 배를 찌르기도 했습니다. 하지만 두 사람 다 스스로 목숨을 끊는 데 성공하지 못했습니다.

하늘이 그들의 죽음을 용납하지 않았다고 고상하게 표현할 수도 있겠습니다. 그러나 하늘 혹은 운에 돌릴 일만은 아니었습니다. 김상헌은 엿새를 굶은 후 슬그머니 다시 음식을 먹었고, 사람들이 자주 드나들던 숙소 한가운데에서 요란하게 목을 맸습니다.

정온은 꽤 많은 피를 흘리고도 용케 살아남은 뒤에 농담 반 진담 반으로 이렇게 고백을 했다고 하지요. 칼을 세우고 그 위에 엎어지면 확실히 죽었을 텐데 드러누워서 찌르는 바람에 살아남고 말았습니다. 거짓으로 죽으려 했다고 나를 비난해도 할 말이 없게 되었습니다.

내가 두 사람의 진심을 오해한다는 뜻은 결코 아닙니다. 그들은 죽으려 했으나 죽지 못했습니다. 더군다나 그들이 살아남은 후 보인 행적에는 부끄러운 구석이라곤 전혀 없었지요. 정온은 관직을 버리고 고향에 내려가 은거했고, 항복한 조정에 대한 원색적인 비난을 멈추지 않던 김상헌은 선양에 끌려와 옥에 갇히는 등의 온갖 고초를 다 겪었으니까요.

그렇습니다. 그들은 자신들의 고결한 믿음을 끝까지 버리지 않았던 것입니다. 굳은 신념 하나로 평생을 먹고 살았던 것입니다. 그들의 행실이 제법 장하기는 해도 한 가지 사실만은 절대로 바뀌지 않습니다.

젊은 윤집과 오달제는 이국에서 비명횡사했고, 늙은 그들은 전쟁의 와중에서 살아남아 고향에서 천수를 다 누렸다는 것이지요. 그랬기에 세간에서는 김상헌이 홀로 깨끗한 척하면서 임금을 협박

하고 명예를 구한다는, 그의 명성에 어울리지 않는 괴이하면서도 날카로운 말이 끊일 듯 끊이지 않고 이곳저곳 떠돌아다녔던 것이겠지요.

나는 나를 수행하던 이들도 여럿 죽였습니다. 종친부 당상관, 의관, 하인까지 다양한 신분과 직위의 사람들을 저승으로 보냈습니다. 그 사람들 중 내가 오래도록 잊을 수 없는 이가 하나 있습니다. 박명길이라는 이름의 병사입니다. 그는 선양에 꼭 가지는 않아도 되었던 하급 무관이었으나 굳이 마부를 자원해 따라 나섰다가 압록강을 건너지도 못하고 쓰러져 누웠습니다. 그의 처지가 안타깝기는 했습니다. 그러나 병사 한 명 때문에 길을 멈출 수는 없는 처지였습니다. 나는 우리를 배웅하기 위해 따라온 평양 감사에게 그 사람의 병구완을 부탁하고 강을 건넜지요.

고백하겠습니다. 그 뒤로는 아예 박명길을 잊었습니다. 변명 같이 들리겠지만 선양에 도착한 후 이러저러한 급박한 일들이 쉴 틈 없이 닥쳤기에 나는 단 한 번도 그 사람을 생각해 본 적이 없습니다. 그런데 윤집과 오달제가 죽었다는 소식을 들은 후 한 달 반 정도 지나서 꾸었던 꿈에 갑자기 박명길이 나타났습니다. 머리를 풀어 헤친 채로 엎드린 그는 피골이 상접한 두 손으로 내 무릎을 꼭 잡고는 제발 좀 살려 달라고 빌고 또 빌었습니다. 무릎을 쥐었던 손아귀의 힘이 어찌나 강했던지, 나는 자리에서 일어난 후에도 한참 동안 무릎을 어루만져야만 했지요.

정신을 차린 나는 당신을 불러 박명길이 어떻게 되었는지 알아봐 달라고 부탁을 했습니다. 열흘 후 당신은 고개를 푹 숙이고 와서는 내게 조사 결과를 보고했습니다. 박명길의 생사는 알 도리가 전혀 없으나 여태 집으로 돌아가지 않았다는 사실로 볼 때 죽은 것처럼 보인다는, 다 듣고도 좀처럼 그 의미를 이해하기 어려운 말을 했습니다.

나는 평양 감사에게 분명히 박명길을 부탁하지 않았느냐고 따지듯 물었습니다. 당신은 몹시 난처한 얼굴로 이렇게 대답했습니다. 평양 감사는 뒤따라오던 의주 판관에게 박명길을 데려다가 치료하라는 지시를 내렸다고 합니다.

내가 그 뒤에는 어떻게 되었느냐고 조금 화난 얼굴로 묻자, 당신은 몹시 미안해하면서 이렇게 대답했습니다. 몇 시간 후 의주 판관이 강변에 도착했을 때는 이미 박명길이 없었다고 합니다. 한참을 찾았지만 끝내 그를 발견하지 못해서 결국 의주로 다시 되돌아갔다고 합니다.

나는 '한참'이란 도대체 어느 정도의 시간을 말하는 것이냐고 물었습니다. 고을의 모든 집들을 확실하게 뒤졌느냐고도 물었습니다. 얼굴이 몹시 붉어진 당신은 내 질문에 무엇 하나 똑바로 답하지 못했습니다. 나는 말은 안 해도 나보다 더 속이 터질 게 분명한 당신을 다그치는 일을 그쯤에서 그만두었습니다. 당신을 족친다고 죽은 박명길이 살아날 리도 없었으니까요.

결국 박명길의 죽음 내지 실종은 모두 다 내 책임이었습니다. 당신이 아무리 고개 저어도 그 사실은 절대 바뀌지 않습니다. 길이 아무리 급했더라도 박명길에 대한 후속 조치가 이루어지는 것까지는 보고 난 후에 떠나야 마땅했지요. 그것이 책임자의 도리이지요. 자발적으로 나를 호위하겠다고 나선 이에 대한 최소한의 도리이지요.

나는 그렇게 하지 못했습니다. 나보다 더 바쁠 것이 분명한 황제는 만기친람을 하는데 황제의 볼모인 나는 내 처지만 생각하느라 그렇게 하지 못했습니다. 내 아버지가 임명한 평양 감사니 의주 판관이니 하는 이들이 일개 백성의 목숨을 어떻게 여기는지 그 누구보다 잘 알고 있으면서도, 일이 급하다는 핑계를 대고 있지도 않은 그들의 선의에 박명길의 생사를 맡긴 겁니다. 그러니 결국 박명길은 내 두 손으로 직접 죽인 것이나 마찬가지인 셈이지요.

나는 선양 땅으로 흘러들어 왔던 조선인들도 죽였습니다. 셀 수도 없이 많은 이들을 죽였지만 그중 이름을 기억하는 자는 박애경이 유일합니다. 박애경은 노모와 아내, 그리고 아이들까지 데리고 자신의 사촌인 박유남을 따라 선양으로 왔습니다.

문제는 박유남이었지요. 그는 전부터 선양에 있던 자였습니다. 만주족의 종이었던 박유남은 힘든 종살이를 견디지 못하고 조선으로 도망쳤으나 자신이 고국에서도 이미 수배자 명단에 올라 자유롭게 운신할 수 없다는 뼈아픈 사실만 확인하고는 다시 선양으로 돌아왔습니다.

영리한 박유남은 혼자 돌아오지 않았습니다. 박애경을 설득해 함께 돌아왔습니다. 본인의 안전을 도모하기 위해서였습니다. 홀로 돌아오면 모진 처벌을 받을 것이 분명하기에 제 딴에는 잔머리를 굴렸던 것입니다.

그러나 조선인을 새로 데리고 왔다는 실리적인 이익보다 자신이 거느렸던 종이 도망갔다는 사실에 더 화가 났던 만주족 주인은 박유남을 결코 용서하지 않았습니다. 자신의 재량으로 처리할 수 있는 박유남은 그 자리에서 죽여 버리고 박애경 일가는 관소로 보내 처분을 맡겼습니다.

박애경은 관소 사람들 모두의 관심 대상이 되었습니다. 가족을 거느리고 자발적으로 조선을 탈출했다는 점이 의미하는 바가 적지 않았기 때문이지요.

박애경은 내 앞에서 눈물을 보였습니다. 조선에서 발붙이고 사는 게 너무 힘이 들었다고 말했습니다. 전쟁 통에 부서진 집을 새로 지을 여력도 없어서 나무를 베어서 움막을 짓고 살았다고 말했습니다. 더 캐서 먹을 나물도, 더 벗겨 먹을 나무껍질도 없었다고 말했습니다. 그럼에도 관리들은 세금을 내라고 끊임없이 독촉을 해 대니, 결국 고민 끝에 가족을 다 데리고 선양에 온 것이라고 말했습니다.

나는 박애경의 말이 하나도 빼놓지 않고 모두 다 사실임을 그가 말을 꺼내자마자 알았습니다. 그러나 허가도 없이 국경을 넘은 것, 게다가 가산을 다 처분하고(가산이라고 부를 것도 없기는 하나) 가족 모두와 함께 선양에 온 것은 명백한 죄였습니다.

국법을 무시한 박애경을 용서해 주었다간 국경을 넘는 자가 속

출할 게 분명했습니다. 그것은 내 아버지가 결코 바라지 않는 일일 테지요. 그랬기에 모두의 관심이 된 박애경에게 내가 줄 수 있는 특전은 동족의 손에 죽게 하는 자비 아닌 자비를 베푸는 것 외에는 없었습니다.

나는 선전관에게 박애경 일가를 데리고 조선으로 가라고 명령했습니다. 다른 말은 하나도 없이 그저 그렇게만 말했을 뿐이었지요. 선전관은 말로 표현되지 않은 내 명령을 잘 알아듣고 수행했습니다. 며칠 후 관소로 돌아온 선전관은 국경을 넘자마자 박애경의 목을 잘랐으며, 그의 가족은 의주 관아의 관노로 만들어 버렸다고 업무 수행 결과를 보고했습니다.

다시 강조해 말하지만 내가 죽인 이들은 너무도 많습니다. 나는 사람 죽이는 재미에 눈뜬 살인마처럼 기회가 닿는 대로 함부로 사람들을 죽였습니다. 어느 날인가 용골대는 만주족에게 항복한 후 선양으로 따라왔다가 다시 마음을 바꿔서 도주하다 잡힌 자와 승지의 아들을 사칭했다 잡힌 자, 이렇게 두 명을 관소로 데리고 왔습니다.

그들을 조선으로 압송하라는 용골대에게 나는 잠깐 생각한 후 이렇게 말했지요. 조선과 청 제국을 동시에 배반한 자, 그리고 감히 승지의 아들을 사칭해 황제를 욕되게 한 이들은 이곳 선양에서 죽이는 것이 옳습니다.

내 대답에 만족한 용골대는 그들을 끌고 갔습니다. 아마도 그들은 조선인 노예 시장이 열리는 장소였던 남탑 거리에서 본보기 삼아 참형을 당했을 것입니다. 내가 죽인 이들은 그 밖에도 많습니다. 용골대는 만주족의 종이 되었다가 도주를 감행한 이들을 수시로 잡아와 처분을 물었고 나는 그때마다 죽이라고 대답을 했습니다.

나로서도 다른 도리가 없지 않았느냐고 반문할 수도 있겠습니다. 그 말도 맞기는 하지요. 대놓고 조선과 청을 배반한 자, 만주족이 돈을 주고 산 정황이 확실히 드러난 자를 살릴 도리는 없었으니까요. 그런 이들을 살리려고 애를 썼다간 더 큰 화를 불러올 게 분명했으니까요. 그런 내 행동이야말로 용골대가 나를 시험하면서 보기 원했던 것이었으니까요.

나는 대의를 생각해야만 했습니다. 작은 일에 흔들리지 않고 내게 주어진 일, 그러니까 조선과 다이칭 구룬을 잇는 가교 역할을 꿋꿋하게 수행해야만 했습니다. 그럼에도 내가 그들을 죽였다는 사실은 바뀌지 않습니다. 생사여탈권을 지닌 내 한마디에 그들의 모가지가 곧바로 저승으로 향했다는 것은 천년만년이 지나도 바꿔지 않는 명확한 사실이지요.

나는 존의 말이 다소 과장되었음을 알았습니다. 존은 자신이 악의 화신이라도 되는 것처럼 위악적으로 말하고 있었습니다. 그러나 존은 악인이 되기에는 지나치게 생각이 많은 사람이었습니다. 말을 하면 할수록 더 야위고 추레해지는 그의 얼굴이 그라는 인간을 잘 설명하고 있었지요.

그리고 그가 죽였다고 말한 이들은 결코 그가 직접 죽였거나, 죽이라는 명령을 내렸던 이들이 아니었습니다. 물론 지위로 볼 때 그에게 책임이 전혀 없다고 말할 수는 없겠지만, 그렇다고 그에게 살인자의 누명까지 씌워서는 안 되었습니다.

존이 살인자라면 나 또한 살인자이긴 마찬가지였습니다. 아니, 존이 살인자가 아니라도 나는 살인자였습니다. 내 가족을 죽음의 문턱에서 구해 내지 못하고 죽게 만든 죄는 천지가 열두 번 바뀌어도 절대로 용서받을 수 없는 일이니까요.

광장은 자연과 사람의 열기로 몹시 뜨거웠습니다. 침묵으로 시위하던 이들이 입으로 구호를 외치기 시작했고, 경찰들도 방패로 바닥을 탁탁 치며 결전에 대비를 했습니다. 그 상황에서 어처구니

없이 비명횡사한 내 가족까지 떠올렸다가는 아예 폭발할 것 같았습니다.

내 가족을, 광장의 사람들을 잠깐 동안이라도 머리에서 지우고 싶었습니다. 지금은 그저 존의 말에만 집중하고 싶었습니다. 그래서 예전에 읽었던 소설을 떠올렸습니다. 그 소설에서는 존을 성군처럼 묘사했습니다.

소설의 주인공이었던 존은 억울하게 끌려와 노예 신세가 된 조선인들을 공금까지 써 가며 구제했고, 조선의 여인들을 공녀로 바치라는 대청국의 요구에 여러 가지 구차한 이유까지 들어 가며 반대했고, 각자 다른 이유로 선양으로 끌려온 김상헌과 최명길의 목숨을 구하기 위해 온갖 노력을 아끼지 않았습니다.

물론 한때 글을 쓰며 살기도 했던 나는 소설의 이야기를 다 사실로 믿을 만큼 순진하지는 않습니다. 그러나 아무리 엉터리라도 완벽하게 허구이기만 한 소설은 없습니다. 어느 소설이건 일정 부분은 사실이거나 사실에서 가져온 허구가 포함되어 있다는 뜻입니다.

아마도 실제의 존은 그의 고백과 소설 사이 어느 곳에 위치하고 있었을 것입니다. 내가 지켜본 존의 품성으로 볼 때 소설 쪽에 더 믿음이 가는 것은 사실입니다. 아니, 그렇게 생각하고 싶다는 게 더 올바른 표현이겠지요. 존에 대한 생각에만 집중하기 위해 나 나름대로 분투하고 있을 때 존이 내게 물었습니다. 황제가 왜 갑자기 훈허에서 고기 잡는 행사를 열었는지 그 이유를 아시는지요?

천막 옆 좁고 누추한 그늘에 앉자마자 존이 던졌던 바로 그 질문이었습니다. 그러나 시간이 경과했다고 달라질 것은 없습니다. 나는 그 질문에 대한 답을 여전히 모릅니다. 존은 내 눈을 똑바로 보며 이렇게 말했습니다.

당신을 죽게 만든 것은 바로 나입니다.

선양의 하늘이 보기 드물게 맑고 투명해서 바라보는 사람을 한없이 부끄럽게 만들었던 바로 그날, 훈허에서 낚싯대 들고 홀로 통나무배에 탄 황제는 가끔씩 고기를 낚기는 했으나 대개의 시간 동안은 그저 놀러 온 사람처럼 혹은 명상하러 온 사람처럼 강물에 손을 넣어 보기도 하고 고개도 좌우로 흔들어 가면서 유유자적하거나 먼 산, 혹은 먼 하늘을 바라보며 생각에 잠겼지요.

평소의 황제는 결코 그런 사람이 아니었습니다. 말 한마디로 모든 논의를 종결시키는 위엄을 지닌 이였으나, 사적인 자리에서는 여러 친왕들과 스스럼없이 농담을 주고받는 소박한 심성을 지닌 이이기도 했습니다.

그러나 그날 훈허에서 통나무배 한 척에 몸을 맡기고 있던 때만큼은 달랐습니다. 황제는 세상에서 가장 고독한 남자처럼 보였습니다. 살아 있다는 사실에 크게 절망한 남자처럼 보였습니다. 그럼에도 그 고독과 절망을 혼자서 감내하기 원하는 남자처럼 보였습니다. 그건 아마도 예기치 않은 순간에 그에게 찾아온 가까운 이의 죽음 때문이었을 것입니다.

나는 황제가 그날 훈허의 통나무배에서 고인이 된 조카 요토를 끊임없이 떠올렸을 것이라고 거의 확신합니다. 당신도 알다시피 요토는 황제의 형인 귀영개의 아들입니다.

그 요토가 죽었습니다. 전쟁터를 누비던 용맹한 장수로 활약하면서 황제의 눈도장을 찍었던 요토가 전쟁에 나갔다가 해골이 되어 돌아온 것입니다. 황제를 보좌했던 귀영개는 집에 돌아와서야 자신의 아들 요토가 죽었다는 사실을 알았습니다. 그날부터 귀영개는 칩거했습니다.

귀영개가 돌아온 지 나흘이 지난 날 오후 예부 관원이 나를 찾아왔습니다. 자신과 함께 조문하러 가기를 청했습니다. 내키지 않았지만 어쩔 수 없었습니다. 다른 날은 몰라도 그날 오후만큼은 방 안에 틀어박혀 한 발짝도 밖으로 나오고 싶지 않았습니다. 그러나 나는 그렇게 할 수 없었습니다. 이유는 명확합니다. 나는 볼모였으니까요. 내게 주어진 역할을 거부할 만한 힘과 명분이 내게 존재한 적은 단 한 번도 없었으니까요.

나는 벽을 잡고 간신히 일어나서 그의 집으로 조문을 갔습니다. 귀영개는 나를 맞으러 나오지도 않았습니다. 그저 사람을 시켜 이렇게 전했을 뿐입니다. 위로하시려고 온 뜻이 참으로 감격스럽습니다. 그러나 아들 잃은 슬픔을 도저히 감내할 수 없는 처지라 직접 얼굴을 맞대고 만나지는 못하겠습니다.

조문 온 사람을 그냥 돌려보내다니, 그것은 도리에 어긋나는 일이었지요. 그러나 나는 도리를 외면한 귀영개를 이해했습니다. 여러 아들 중 특히 사랑하던 요토였기에 귀영개가 받은 충격은 말로 헤아릴 수 없을 만큼 대단히 컸겠지요. 나는 그 심정을 너무나 잘 압니다. 그날의 나 또한 정확히 그랬으니까요.

귀영개와 마찬가지로 궁궐에서 칩거했던 황제는 고민 끝에 훈허에서의 고기잡이를 기획했습니다. 그러니까 그 갑작스러웠던 고기잡이는 슬픔에 빠진 귀영개를 위로하기 위해 황제가 직접 구상했던 행사였던 것입니다. 만주족다운 방식으로 떠들썩하게 즐김으로써 슬픔을 잊으라는 것, 그것이 바로 속 깊은 황제의 본심이었던 것입니다. 귀영개는 황제의 마음을 제대로 읽었습니다.

다른 사람이 아닌 아들을 잃은 당사자인 귀영개가 먼저 나서서 웃고 떠든 덕분에 그날의 분위기는 전반적으로 무척 흥겨웠지요. 나는 귀영개의 호탕한 웃음소리와 알아들을 수 없는 만주어 농담을 들으며 고기를 잡았습니다.

물론 나는 단 한 마리의 고기도 잡지 못했지요. 처음 해 본 낚시였기 때문이기도 했지만, 날이 날이니만큼 저들의 방식이 아닌 내 방식대로 추모에 몰두한 까닭도 있었지요. 그렇습니다. 나는 당신에게 거짓말을 했습니다. 나는 군관의 억센 팔뚝이 지탱하는 통나무배에 앉아 낚싯대를 드리우고 고기를 잡는 척하고는, 다른 생각을 하는 척하고는 실은 당신을 추모했습니다. 내가 죽인 당신을 떠올리지 않으려 애를 쓰고 또 썼으나, 결국 당신을 생각하고 또 생각하고 또 생각했습니다.

나는 존의 비논리적인 말을 단번에 이해했습니다. 눈을 한 번 감았다 뜨니 갑자기 내 눈앞에 훈허가 보였습니다. 버드나무 우거진 강변엔 기하학적인 아름다움을 지닌 둥근 천막들이 설치되어 있었고, 굽이굽이 흐르는 강엔 통나무배를 탄 이들이 시끌벅적한 소리를 내며 고기잡이를 즐겼습니다. 나는 그 광경들을 내 두 눈으로 다 보았습니다.

나는 한 마리 새였습니다.

나는 하늘을 나는 새의 시선으로 훈허를 보았습니다.

그날 나는 이미 죽어 있었던 것입니다.

당신은 죽었습니다. 귀영개의 집에 조문하러 가기 불과 서너 시간 전에 당신은 죽었습니다. 몇 달 동안 만주족 형부의 옥에 갇혀 있던 당신이 공교롭게도 다른 날이 아닌, 바로 그날 죽은 것은 황제의 명령 때문이었습니다. 전쟁터에서 돌아온 황제가 하필이면 바로 그날 아침이 되어서야 당신의 죽음을 재가했기 때문이었습니다.

황제가 일부러 그랬으리라 믿지는 않습니다. 요토의 죽음에 귀영개보다 더 가슴 아파하다가 홧김에 당신을 사형대로 보냈으리라 믿지는 않습니다. 황제는 그런 사람은 아닙니다. 자신의 부재로 몇 달 동안 지연되었던 사안이었던 만큼 그저, 더 미룰 수 없어 그랬던 것이겠지요.

나는 마음 깊은 황제의 그 결정에 대해서는 아무런 불만도 갖고 있지 않습니다. 다만 귀영개에게로 향하는 내 발길이 유난히 무거웠다는 사실만을 말하고 싶습니다.

아, 나는 당신을 잃은 슬픔도 다 추스르지 못하고 귀영개의 집에 조문을 가야만 했습니다. 지쳐 쓰러진 몸과 마음을 간신히 일으켜 세워서 귀영개의 집에 조문을 가야만 했습니다.

산다는 건 때론 정말 잔인한 일입니다. 당신을 죽인 건 저들인데, 나는 오히려 저들의 슬픔을 위로하기 위해 조문을 하러 가야 했으니 말입니다. 아, 다시 말해야 하겠습니다. 감정에 사로잡혀 중요한 것을 잊었습니다. 당신의 죽음을 재가한 건 황제였지만 당신을 죽게 만든 것은 나였습니다. 바로 내가, 내 죄 많은 손으로 당신을 목 졸라 죽인 것이지요.

나는 존이 왜 강변의 다른 버드나무 그늘을 다 내버려 두고 내가 있던 성기고 좁은 그늘로 찾아왔는지 드디어 그 이유를 알게 되었습니다. 존은 나를 자신이 전에 알고 지냈던 사람으로 여겼던 것입니다.

그건 물론 착각이었지요. 그런 일은 있을 수 없으니까요. 존의 말에 때론 가슴이 뭉클하기도 했지만, 흡사 내가 그가 말한 그 현장에 있었던 느낌을 받기도 했지만 그런 일이 실제로는 있을 수 없으니까요.

신을 버린 지 이미 오래인 나였습니다. 윤회나 무위, 하늘의 뜻 따위의 이론들도 나는 전혀 믿지 않았습니다. 나는 내 가족을 고통 속에서 죽게 만들었습니다. 그들이 되살아 오리라는 희망 따위도 다 버렸습니다. 신, 윤회, 무위, 하늘 같은 것들도 쓰레기 봉지에 넣어 어두운 하늘 너머로 세게 던져 버렸습니다.

그럼에도 존에게 차마 나는 당신이 생각하는 그 사람이 아니라고, 그 사람일 수 없다고 내 입으로 고백할 수는 없었습니다. 사실과 진실 여부를 놓고 옴니암니 따지고 싶지도 않았습니다. 그렇게 함으로써 내게 찾아온 존을 고개 숙이고 어딘지도 모를 곳으로 혼자 돌아가게 만들고 싶지는 않았습니다.

그래서 나는 존의 이야기에 귀를 기울였습니다. 좁고 누추한 천막의 그늘, 시간의 경과에 따라 조금 더 좁아진 그 그늘을 유일한 안식처로 삼아 그의 말에 열심히 귀를 기울였습니다.

형부 관원들이 들이닥쳤을 때 우리는 오래된 경전을 앞에 놓고 토론을 하고 있었지요. 밖에서 시끄러운 소리가 들리자 당신은 갑자기 경전을 덮고는 이렇게 말했습니다.

생각하지 않으면 도대체 무엇을 얻을 수 있겠습니까?

아무것도 하지 않으면 도대체 무엇을 이룰 수 있겠습니까?

한 사람이 크게 어질면 온 나라가 바르게 된다는 사실을 잊지 마십시오.

내가 그 말의 의미를 생각하는 동안 당신은 내게 절하고 일어나 밖으로 나갔습니다. 열린 문틈으로 살피니 마당엔 형부 관원들이 여럿 서 있었습니다. 그들은 물어볼 말이 있다면서 당신의 팔을 잡고 밖으로 끌고 나갔습니다.

나는 관소의 다른 관원을 불러 명령했습니다. 저들이 당신에게 묻는 말을 몰래 들었다가 내게 알려 달라고 했습니다. 얼마 후 관원이 와서 전한 말은 나를 충격에 빠뜨렸습니다. 당신이 용골대가 총애하는 조선 출신 역관 두 명이 저지른 비리를 형부에 고발했다는 것이었습니다.

비리의 내용은 참으로 구체적이었습니다. 내 아버지가 황제에게 보낸 과일 중 홍시 일천 개를 두 명의 역관이 중간에서 가로챘다는 게 당신의 주장이었습니다. 당신은 그들의 비리를 증명할 문서도 가지고 있다고 목소리를 높여 말했다지요.

자신이 엿들은 말을 모두 전한 관원은 침울한 얼굴로 나를 보았습니다. 그 창백한 얼굴이 모든 것을 말해 주었습니다. 당신은 사자 굴에 제 발로 걸어 들어간 것입니다. 관소의 사람치고 용골대 휘하의 조선 출신 역관 두 명이 그동안 부려 왔던 농간에 분개하지 않았던 이는 없었습니다.

그들은 관소 사람들에게 상전처럼 굴었고, 조선에서 보내오는 물품을 수시로 빼돌렸고, 중개 수수료를 챙기기 위한 명목으로 속환가*를 잔뜩 높여 놓아 가족을 구하려는 사람들을 눈물짓게 만들었지요. 더욱 안타까운 것은 그들이 원래는 조선의 통역관이었다는 사실입니다.

속환가(贖還價) 사람이나 물건을 되찾기 위해 지불하는 대가.

그럼에도 그들에게 대꾸 한마디 제대로 못 했던 것은 왜일까요? 그들의 뒤에 용골대가 있었기 때문입니다. 용골대가 누구입니까? 황제가 가장 신뢰하는 장군이자 조선에 관한 모든 일을 맡아서 관할하고 있는 사람입니다.

그런 사람의 휘하에 있는 역관 두 명을 관소의 관리가 고발을 했으니 용골대가 도대체 우리를 어떻게 생각하겠습니까? 게다가 용골대에 대한 황제의 신뢰를 잘 알고 있는 형부에서 과연 이 일을 객관적으로 제대로 조사할 수 있겠습니까?

나는 당신과 이야기할 수는 있느냐고 물었습니다. 관원은 고개를 저었습니다. 당신은 관소 건물 끝의 좁은 골방에 감금되어 있으며, 형부 관원 한 명이 그 앞을 지키고 있어서 출입은 아예 불가능하다고 했습니다.

몇 시간 후 용골대가 직접 형부 관원들을 이끌고 관소를 찾아왔습니다. 나는 문을 열고 밖으로 나갔습니다. 용골대는 내게 인사를 건네고는 곧바로 형부 관원들을 시켜 당신을 포박해 오게 했습니다. 일이 하도 급박하게 이루어져 나는 당신과 눈 한 번 제대로 맞출 수가 없었습니다.

전광석화 같은 체포 작전이 끝난 후, 용골대와 함께 우롱차를 나눠 마시며 이야기를 나누었습니다. 용골대의 말을 통해 나는 저들이 당신의 고발을 어떻게 생각하는지 알아차렸습니다. 용골대는 '음모'라는 단어를 사용했습니다. 두 명의 역관, 그리고 그들의 상관인 자신까지 얽기 위해 당신이 있지도 않은 일을 꾸몄다는 뜻입니다.

내가 용골대라도 그렇게 생각했을 것입니다. 그들 모두를 잡아넣기엔 당신이 가지고 있다는 증거가 너무도 미약했습니다. 물론 증거가 바닷물보다도 더 풍부하다고 해도 달라질 것은 하나 없었겠지요. 상대는 용골대니까요. 그 뒤에 있는 이는 바로 다이칭 구룬의 황제니까요.

나는 당신이 꽤 꼼꼼한 사람이라고 믿어 왔습니다. 그런 당신이 고작 문서 한 장을 가지고 이런 큰일을 벌였다는 사실이 도무지 현실처럼 느껴지지가 않았습니다. 무엇인가 빠진 게 틀림없었습니다. 내가 모르는 이유가 분명히 존재할 터였습니다.

머릿속으로 당신이 일을 벌인 진짜 이유를 추론해 보려고 애쓰는 나에게 용골대는 이렇게 말했습니다. 나는 세자께서 이 음모에 직접 관여했다고는 믿지 않습니다. 그러나 일개 관원이 혼자서 이 일을 벌였다고 믿기도 어렵습니다. 세자의 무관함을 보이는 방법은 오직 하나입니다. 이 일에 관계가 없다고 황제에게 맹세하신 후 직접 이 관원을 죽이시기 바랍니다.

저들은 내게도 화살을 겨누고 있었습니다. 그건 당연한 수순이겠지요. 나는 동요하지 않으려 애를 쓰며 이렇게 대답했습니다. 맹세는 언제라도 할 수 있습니다. 다만 조선의 법에 따르면 세자는 사람을 함부로 죽일 수 없게 되어 있습니다. 국왕께 보고한 후에야 일을 처리할 수 있겠습니다.

용골대가 고개를 끄덕이기에 나는 용기를 내어 내 생각을 살짝 드러냈습니다. 이곳에서 죽이는 게 과연 옳은지는 잘 모르겠습니다. 지은 죄가 큰 만큼 우리 조선 사람들이 보고 깨우칠 수 있도록 조선에 데려가 죽이는 게 좋겠습니다.

용골대는 깊이 생각하지도 않고 단번에 거절했습니다. 여기에서 일어난 일이니 여기에서 끝내야지요. 절대로 조선에 보낼 수는 없습니다.

용골대는 자리에서 일어나며 이렇게 말했습니다. 이제 맹세를 하시지요. 나는 황제의 대리인이라는 사실을 잊지 마시기 바랍니다.

나는 용골대 앞에 무릎을 꿇었습니다. 그러고는 이렇게 말했습니다.

나는 이 음모와 아무런 관계도 없음을 황제 폐하께 맹세합니다.

아침 일찍 떨어진 황제의 살생 명령을 전해 들은 나는 곰곰 생각하다가 마지막 수단을 택하기로 했습니다. 용골대를 찾아가 무조건 빌기로 한 것입니다. 아무리 용골대라 하더라도 세자인 나를 차마 모질게 내치지는 못하리라는 계산이었습니다.

그러나 나는 용골대를 만나 보지도 못했습니다. 말을 타고 관소문을 나서자마자 용골대가 총애하는 두 조선 출신 역관이 길을 막았습니다. 일이 터진 후 한동안 모습을 감추었던 두 역관은 나를 보고도 고개 한 번 까딱하지 않고 도리어 버럭 소리를 질렀습니다. 가려거든 우리 머리부터 자르시오.

그 목소리가 하도 날카롭고 사나워서 내가 탄 말조차 움찔했을 정도였지요. 내 곁에 선 관원이 험한 일이 벌어지기 전에 서둘러 가시는 게 좋겠다고 조언을 했습니다. 그의 말에 따라 앞으로 나아가려는 순간 역관 중 한 명이 관원에게 다가와 주먹을 날렸습니다. 그는 맞자마자 쓰러진 관원의 얼굴과 몸통 가리지 않고 마구 주먹을 날리고 발길질을 퍼부으면서 너는 도대체 뭐 하는 놈이냐, 내가 그렇게 우습게 보이더냐, 하는 망발들을 아무렇지도 않게 입에 담았습니다.

그들의 행패는 그것으로 끝이 아니었습니다. 역관 한 명이 폭행을 가하는 동안, 다른 역관은 말에 탄 관원들을 다 내리게 하고는 나를 호위하던 병사들에게 다가와서 앞날을 생각하라는 말을 내뱉으며 으름장을 놓았습니다. 병사들은 아무 말도 하지 못하고 그저 고개만 돌렸습니다.

나는 말 위에 앉아 내 수하들이 수모당하는 꼴을 말없이 지켜보았습니다. 아, 나는 갈등했습니다. 그대로 말을 몰아, 박차를 가해, 두 역관을 짓밟고 싶었습니다. 그들의 뼈를 작살내고 싶었습니다. 말굽으로 그 잘난 입들을 막아 만주어건 조선어건 더 이상 한마디도 내뱉지 못하게 만들고 싶었습니다. 그러나 그건 절대로 해서는 안 되는 일이었지요. 어차피 나에겐 그런 용기도 없었고요.

결국 나는 다시 관소로 돌아가 머물렀고, 죽기 전 마지막으로 인사하러 온 당신을 만났습니다. 깨끗한 조복으로 갈아입은 당신은 내게 절한 후 이렇게 말했습니다. 저 하나의 잘못으로 나라를 욕되게 하고 저하를 근심하게 만들었습니다. 죽는 것으로도 제가 지은 죄는 다 용서받지 못할 것입니다.

나는 아무 말도 못 하고 당신의 손을 잡았습니다. 그 따뜻한 손을 잡으니 당신과 함께했던 지난 세월이 주마등처럼 빠르게 머리를 스치고 지나갔습니다. 우리는 함께 산성에 들어갔고, 함께 산성에서 나왔고, 함께 선양까지 왔습니다. 그 세월이 벌써 삼 년을 훌쩍 넘었지요. 당신은 나의 유일한 스승이자 친구였습니다.

당신은 그 어떤 상황에서도 나를 포기하지 않았습니다. 어리석은 나를 깨우치려 온갖 노력을 아끼지 않았고, 이래라저래라 강요하지도 않았고, 그림자처럼 늘 내 곁에 머물며 내 시중을 들고 투정을 받아 주었지요. 그러나 나는 당신이 원하는 사람이 되지 못했습니다. 당신에게 해 줄 것이 하나도 없는 무기력한 사람일 뿐이었습니다.

그래서 그저 이렇게만 말했습니다. 나는 아무것도 배우지 못했습니다. 내 지혜는 단 한 사람을 사지에서 구해 내기에도 형편없이 부족합니다. 나는 당신에게 따뜻한 소주 한 잔을 따라 주었습니다. 당신은 술잔을 비운 후 내게 이렇게 말했습니다. 노모와 어린 자식을 부탁드립니다.

그 말을 유언처럼 남긴 후 당신은 내게 절하고 자리에서 일어났습니다. 아, 그때 나는 당신을 붙잡고 묻고 싶었습니다. 도대체 왜 결과가 빤히 보이는 무모한 일을 벌였는지 말이지요. 나한테는 한

마디 상의도 없이 왜 혼자서만 죽음이 예견된 그 길을 걸어갔는지 말이지요. 이렇게 허무하게 세상과 나를 버리고 가도 되는 것인지 말이지요. 당신과 읽으며 토론했던 경전 어디에 그리하라 적혀 있었는지 말이지요.

그러나 나는 당신에게 아무것도 묻지 못했습니다. 아마 물었더라도 내가 들을 수 있는 답은 없었겠지요. 당신은 그저 빙긋 웃어 보임으로써 그 문제는 다른 누구도 아닌 내가 풀어야 한다는, 어찌 보면 당연한 그 사실만을 어리석은 내게 다시 한 번 알려 주었겠지요.

내가 채 의식하지도 못한 사이에 몇 시간이 흐르고 흘렀습니다. 마침내 신시가 되었을 때 당신의 관이 돌아왔습니다. 나는 당신의 초라한 관을 매만졌습니다. 관원들이 만류할 때까지 오열하며 한참을 만지다 내가 입고 있던 겉옷을 벗어 관을 덮어 주었습니다.

나는 당신을 보낸 뒤 방으로 들어가 그대로 바닥에 누웠지요. 그러나 오래 누워 있을 수도 없었습니다. 아들을 잃은 귀영개에게 조문을 하러 가야 했기 때문입니다. 당신을 죽인 용골대와 황제와 같은 일족인 귀영개에게 너무 슬퍼하지 마시라고 위로의 말을 던져야 했기 때문입니다.

그러나 나는 귀영개의 얼굴조차 보지 못하고 돌아왔습니다. 내가 겪은 일들이 하도 막막해 오는 도중에 나는 어두운 하늘에 대고 깊은 한탄을 했지요.

아, 나는 정말로 공부를 못하는 아이였습니다.

아, 나는 정말로 뱃놀이와 잔치를 사랑하는 아이였습니다.

아, 나는 정말로 먹을 것을 밝히는 아이였습니다.

아, 나는 아무것도 모르는 무기력한 아이였습니다.

살인자가 된 나는 내 유일한 스승이자 친구였던 당신마저 죽이고 말았습니다.

그날 밤, 나는 밤새 잠 못 이루고 당신과 함께 읽고 토론했던 오래된 경전만 뒤적였습니다. 경전 속에 당신의 죽음에 대한 답이라도 적혀 있는 것처럼 뒤적거리고 또 뒤적거렸지요. 그러나 경전은 내게 아무런 말도 전하지 않았습니다.

그래서 나는 어느 순간, 문득 책을 덮고 이렇게 중얼거렸지요. 이제부터라도 정말로 열심히 공부하는 아이가 되려 합니다. 모든 것을 다 아는 똑똑한 아이가 되려 합니다. 나를 믿는 이가 곤경에

처했을 때 도움을 줄 수 있는 아이가 되려 합니다. 그래야만 저승에서 당신을 다시 만나는 그날 반갑게 손 내밀며 인사라도 건넬 수 있겠지요.

나는 그런 아이가 되지 못했습니다.

어리석은 내가 감당하기엔 너무 어려운 일이었지요.

나라를 망쳤으면서도 왜 공부를 제대로 하지 않느냐고 나를 질책하던 황제는 결국 '나'라는 인간의 결점에 대해 나보다도 더 잘 알고 있었던 것입니다.

아, 나는 나 자신이 너무 부끄럽습니다.

나는 다른 그 무엇도 아닌 역사의 죄인일 뿐입니다.

존의 이야기를 듣는 내내 내 머리에 오래된 노래 하나가 머물렀습니다. 나는 존의 이야기가 더 이상 이어지지 않자 낮은 목소리로 노래를 불렀습니다. '일그러진 불빛이 날 조롱하듯 비웃는 나의 고향 서울을 문득 바라본다.'라는 가사로 시작하는 노래였습니다. 내 노래를 들은 존은 다른 때처럼 노래의 제목을 물었고, 나는 '어떤 날'이라는 듀엣이 부른 〈취중 독백〉이라는 노래라고 말해 주었습니다.

존은 듣기에 참으로 우울한 노래인데, 그 우울함이 묘하게도 사람을 깊이 침잠하게 만든다고 말했습니다. 나는 뭐라 대답하면 좋을까 잠깐 생각하다가, 우리 모두는 역사에서 아무것도 배우지 못하는 자들이라는 소리를 약간 언성을 높여서 내뱉었습니다. 존은 나를 보며 빙긋 웃었습니다.

정오를 조금 넘긴 하늘이 갑자기 어두워졌습니다. 한바탕 소나기가 드디어 퍼부을 것 같았습니다. 존은 아예 검은색이 되어 버린 하늘을 한 번 올려다보고는 내게 색종이를 좀 달라고 말했습니다. 나는 내 가족의 분홍 가방 안에 들어 있는 새 색종이를 모두 존에게 주었습니다. 존은 천천히 종이배를 접었습니다. 서두르지 않고 꼼꼼하게 종이배를 접었습니다.

존의 그 장인과도 같은 느릿함과 꼼꼼함이 내 마음을 움직였습니다. 나는 하마터면 눈물을 보일 뻔했습니다. 나는 노란 꽃무늬 손수건으로 얼굴을 훔쳤습니다. 그러고는 아무 일도 없었던 사람처럼 존을 따라 종이배를 접었습니다. 존처럼 천천히, 서두르지 않고 꼼꼼하게 접었지만 사실 그렇게 공력을 많이 들인 일은 아니었습니다. 우리 모두가 알고 있듯 종이배 접기는 전혀 어려운 일이 아니었으니까요. 어린아이도 할 수 있는 일이었으니까요.

아무튼 우리는 종이배를 차근차근 생산해 냈고, 그래서 우리 주위에는 종이배가 가득하게 되었습니다. 노랗거나 빨갛거나 파랗거나 흰 종이배들은 선양 하늘을 수놓았던 대청국의 노랗거나 빨갛거나 파랗거나 흰 팔기(八旗) 깃발들보다 몇 배는 더 아름다웠습니다.

마침내 하늘이 검은 구름의 무게를 견디지 못하고 비를 한 방울, 두 방울 떨어뜨렸습니다. 툭, 툭 떨어지던 비는 이내 장대비로 변했습니다. 폭염의 위세에 떠밀려 어깨조차 제대로 펴지 못했던 비가 오래간만에 자신의 존재를 온 땅에 과시하기 시작한 것입니다. 비는 뜨거운 태양에 시달리고 시달려서 흡사 사막처럼 잔뜩 말라 있었던 광장을 빠르게 적셨습니다.

천막 주위에는 이내 작은 강이 생겼습니다. 우리가 접었던 종이배가 천천히 움직였습니다. 종이배는 새로 생긴 그 강을 천천히 떠다녔습니다. 형형색색의 종이배들이 가라앉지도 않고 자연스럽게 열을 지어 도시 한가운데에 새롭게 생긴 강을 떠다니는 모습은 아름다웠습니다. 혼자가 아닌 여럿이, 흔들리면서도 침몰하지도 않고 함께 떠다니는 모습은 나를 감동하게 만들었습니다.

그 위태로우면서도 결코 쓰러지지 않는, 그러므로 안전한 작은 배들을 보면서 존이 말했습니다. 병자년 전쟁 때 강화 앞바다에는 형형색색의 머릿수건들이 둥둥 떠다녔다지요. 머릿수건의 주인들은 바다에 빠져 죽거나 창과 칼에 찔리거나 화살과 포탄에 맞아 죽었는데도 머릿수건들만큼은 가라앉지도 않고 강화 바다를 오랫동안 둥둥 떠다녔다지요.

나는 존의 이야기를 들으며 내 가족을 생각했습니다. 종이배에도 의지하지 못했던 내 가족을 생각했습니다. 내가 구하지 못했던 내 가족을, 그래서 죽게 만들었던 내 가족을 생각했습니다. 나는 역사책에서 읽었던 존의 참혹했던 죽음에 대해서도 생각했습니다.

존은 조선에 돌아온 지 얼마 안 되어 병을 얻었고, 며칠을 버티지 못하고 세상을 떠났습니다. 몸은 검게 변했고 이목구비의 일곱 구멍에서는 피가 흘러나왔습니다. 마치 약물에 중독되어 죽은 사람과 같았습니다. 그리고 그의 가족들…….

존의 아버지가 사람을 시켜 죽였다는 설이 유력하지만 증거는 없습니다. 설령 증거가 모래알만큼 풍부하다고 해도 존은 그 이야기를 절대로 받아들이지 않을 것입니다.

그 점에서 나는 존과 동일합니다. 모든 것은 다 우리의 잘못이니까요. 우리의 잘못으로 죽음을 불러들인 것이니까요. 우리는 다른 누구도 아닌 우리 스스로가 죽게 만든 것이니까요. 어차피 국가는 존과 나에게 아무것도 아니었습니다. 존재하지도 않는 유령에게 잘못을 돌리는 것은 무책임한 일이니까요.

비가 오래 내렸으면 했습니다. 광장을 덮고 건물들을 덮고 옛 궁궐까지 다 덮었으면 했습니다. 울창하고 신령한 버드나무 숲을 거느린 깊고 넓은 강이 도시 한가운데에 새로 생겼으면 했습니다. 슬픔 가득한 땅을 다 덮어 버리고 눈물 따위는 흔적도 없는 아예 새로운 땅, 태초의 광야 같은 땅을 만들었으면 했습니다. 새로운 강이 흐르고 새롭게 만들어진 광야 같은 아름다운 땅에 삼전도비, 혹은 청태종공덕비를 제일 먼저 옮겨다 세우고는 우리의 실패한 역사를 오래도록 돌아보았으면 했습니다.

예수의 아버지인 어느 신은 자신이 인간의 대표로 선택한 노아라는 남자에게 방주를 만들라고 명령하면서 이렇게 말했다지요. 내가 사십 일 동안 땅 위에 비가 오게 하여 내가 만든 모든 생명체를 지면에서 멸하리라.

그러나 그건 나의 바람일 뿐이지요. 신은 없습니다. 대홍수로 세상을 덮어 버리는 신, 모든 생명체 한 쌍씩을 실을 수 있는 크기의 방주는 존재하지 않습니다. 모든 죽음은 다 사람이 만드는 것입니다. 그러므로 새로운 땅에서 올리브 잎사귀를 물고 온 비둘기 또한 허구일 뿐입니다.

죽은 내가 하늘에서 훈허를 보고 존을 본 것도 다 말도 되지 않는 이야기에 지나지 않습니다. 역사를 그런 식으로 간단하게 조감할 수는 없는 법입니다. 우리는 그저 작은 종이배에 의지해 역사의 격류에서 헛되게 죽거나 팔다리 잃고 간신히 살아남아 목숨만 연장할 뿐입니다. 사람은 죽어서 새가 되지 않고, 새의 눈으로는 역사를 바라볼 수 없으며, 작은 배로는 커다란 배를 결코 이길 수 없습니다. 치욕스러운 삼전도비, 혹은 청태종공덕비가 고도성장한 도시 한가운데 자리한 광장에, 민족의 영웅인 세종대왕과 이순신 장군 동상 사이에 설 일은 결코 없습니다. 나는 그 사실을 잘 압니다.

내가 방문했던 산성의 수어장대라는(전에는 서장대였던) 건물 옆에는 무망루라는 현판이 있었습니다. 무망(無忘), 잊지 말자는 뜻입니다. 공화국의 초대 대통령은 현판을 모신 누각 옆에다 나무까지 심었습니다. 그러고는 자신이 방문했다는 기록까지 남겼습니다.

그러나 우리는 그 대통령이 어떤 식으로 국민을 대했는지 잘 압니다. 잊지 말아야 할 것을 다 잊은 채 어떤 식으로 통치했는지 잘 압니다. 우리는 늘 그런 식으로 치욕의 역사를 깨끗이 잊었습니다.

따지고 보면 뭐 그리 이상한 일도 아니지요. 실패의 역사에서 아무것도 배우지 않는 것, 그것이 우리가 반복된 슬픔의 역사에서 배운 유일한 교훈이니까요.

우리는 모두 다 공부를 정말로 못하는 사람들이니까요.

우리는 부끄러움을 전혀 모르는 사람들이니까요.

내가 망상에 빠진 동안 소나기는 그쳤습니다. 광장은 아무 일도 일어나지 않은 것처럼 다시 뜨거워졌습니다. 아니 태양은 비 내리기 전보다 더 강렬하게 열기를 내뿜었습니다.

그러나 분명 비는 내렸습니다. 잠깐이었지만 비는 퍼부었습니다. 그 순간 태양은 아주 잠시 빛과 열기를 잃었습니다. 그건 틀림없는 사실이지요. 그 누구도 부인할 수 없는 절대 진리이지요.

가까운 곳에서 함성 소리가 들렸습니다. 시위하던 사람들이 드디어 자리를 박차고 일어난 것입니다. 이제 광장은 더욱더 뜨거워

지겠지요. 신시가 되면 아예 불처럼 타오르겠지요. 나는 푹 젖은 내 가족의 분홍 배낭을 품에 안고 자리에서 일어났습니다.

문득 예전에 읽었던 신경림 시인의 시가 생각났습니다. '우리의 슬픔을 아는 것은 우리뿐'이라는 평범하면서도 비범한 구절이 생각났습니다.

그때 존이 물었습니다. 온몸에서 빗물을 뚝뚝 흘리는, 전보다 더 야위고 추레한 얼굴의 존이 나를 보며 물었습니다. 다시 물어보겠습니다. 우리, 언젠가 만난 적이 있지 않습니까?

강변에서 다시 시작한 공부

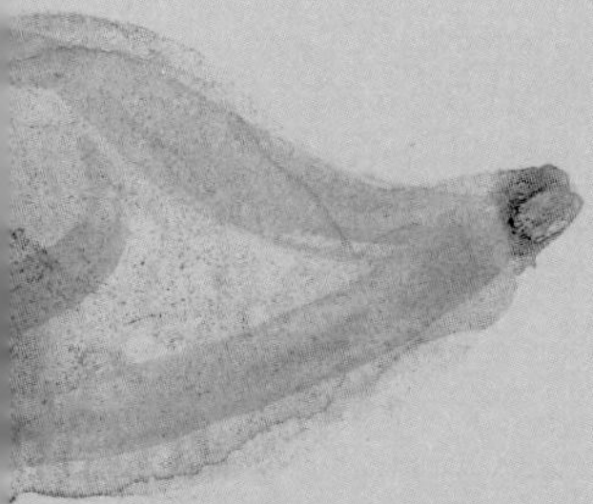

작은 배로는
떠날 수 없네
멀리 떠날 수 없네
아주 멀리 떠날 수 없네

폭염 경보가 발령된 신시의 훈허는 한적하고 나른했습니다. 나는 신령하고 울창한 버드나무 숲 아래 그늘에 숨어들어 한숨을 돌렸습니다.

얼마 지나지 않아 나의 그늘에 남자 하나가 찾아왔습니다. 나는 처음 보는 그 야위고 추레한 남자의 이름을 정확히 알 것 같았습니다. 그 남자의 이름은 바로 존이었습니다. 나는 빙긋 웃고는 존에게 먼저 말을 걸었습니다.

역사는 결국 바다에 가라앉는 배와 같다고 하는 이상한 말을 들어 보았습니다.

당신도 그 말을 들어 본 적이 있으십니까?

당신은 그 말을 믿으십니까?

존은 도나우처럼 푸른 강물을 보며 내게 이렇게 말했습니다.

시니 에헤 데 구룬 에푸제헤 이르겐 조보호!

그 옛날 황제가 내게 화내듯 했던 말이지요.

너의 악함으로 나라가 망하고

백성이 고통을 겪었다는 뜻이지요.

이것이 천년만년 전부터 내 친구였던 당신에게 내가 하고픈 유일한 말입니다.

소현 세자의 진짜 공부

첫판 1쇄 펴낸날 2017년 9월 14일
3쇄 펴낸날 2018년 6월 18일

지은이 설흔 **그린이** 유준재
펴낸이 박창희
책임편집 김수진 **편집** 길유진
디자인 권은숙 **마케팅** 정주열
회계 양여진

펴낸곳 (주)라임
출판등록 2013년 8월 8일 제 406-2013-000091호
주소 경기도 파주시 회동길 57-9 파주출판도시 푸른숲 빌딩, 우편번호 10881
전화 031) 955-1820, 1821 **팩스** 031) 955-1825
이메일 lime@limebook.co.kr

ISBN 979-11-85871-82-0 44910
979-11-951893-8-0 (세트)

라임은 푸른숲의 자회사입니다.

* 잘못된 책은 구입하신 서점에서 바꾸어 드립니다
* 본서의 반품 기한은 2023년 6월 30일까지입니다.

이 도서의 국립중앙도서관 출판시도서목록(CIP)은 e-CIP 홈페이지(http://seoji.nl.go.kr)와 국가자료공동목록시스템(http://www.nl.go.kr/kolisnet)에서 이용하실 수 있습니다. (CIP제어번호 : CIP2017023186)